自律点亮人生

陈科隆——著

中国水利水电出版社
www.waterpub.com.cn
·北京·

内 容 提 要

在所有的行为中，毫无间断的自律几乎是最难的，但同时，它也是回报最大的。如果你意识到在生活的泥潭里艰难跋涉，一个很简单的解决方法就是找一件事情然后每天自律地坚持。可以是锻炼，可以是阅读，可以是学英文，也可以是早起……

图书在版编目（CIP）数据

自律点亮人生 / 陈科隆著. -- 北京 : 中国水利水电出版社, 2022.1
ISBN 978-7-5226-0460-2

Ⅰ. ①自… Ⅱ. ①陈… Ⅲ. ①自律—通俗读物 Ⅳ. ①C933.41-49

中国版本图书馆CIP数据核字(2022)第019566号

书　　名	**自律点亮人生** ZILÜ DIANLIANG RENSHENG
作　　者	陈科隆　著
出版发行	中国水利水电出版社 （北京市海淀区玉渊潭南路1号D座　100038） 网址：www.waterpub.com.cn E-mail：sales@waterpub.com.cn 电话：（010）68367658（营销中心）
经　　售	北京科水图书销售中心（零售） 电话：（010）88383994、63202643、68545874 全国各地新华书店和相关出版物销售网点
排　　版	北京水利万物传媒有限公司
印　　刷	天津旭非印刷有限公司
规　　格	146mm×210mm　32开本　7印张　100千字
版　　次	2022年1月第1版　2022年1月第1次印刷
定　　价	49.80元

序　言

PREFACE

对于大多数普通人来说，一生中有两次改变命运的机会：第一次是高考，如果你考上了好的大学，你就可以走出去，或走出大山，或是走出村庄，或是走出你的父母祖辈一直生活的地方；第二次是自律与阅读，无论你是什么出身，几乎都可以通过自律与阅读这个黄金组合来改变自己的命运，改变自己的人生轨迹。

在漫长的人类历史长河中，有很多伟人和先贤表达过与之类似的观点：阅读，持续阅读可以改变命运，成就辉煌的一生。我是茫茫人海中的一个小人物，我想用我短暂的人生去验证一下这些伟人读书可以改变命运的共识。如果真如他们所说，那么我会用我的后半生，把验证下来的结论告诉我在世界上遇见的每一个人：读书，是人间为数不多可以改变自身命运的捷径！

陈科隆

2022.1.11

目 录

CONTENTS

第一章

CHAPTER 1

越过烦恼

——明天的烦恼明天再说

你还记得47天前的烦恼吗？那84天、165天、521天、977天前的呢？都不记得了，对吗？同样，今天的烦恼将来也不会记得。无论你当下有怎样的烦恼，时间都会慢慢治愈一切，你以为过不去的难关都会过去。明天的烦恼明天再说，去努力工作生活吧，请继续保持有趣。

不同的人有不同的烦恼

在日常生活中，你不难遇到漂亮的、有名气的、富有的人，但你很难遇到没有烦恼的人。不同人的差别仅是烦恼不同，不美的人烦恼自己不够漂亮，美的人烦恼美不能长存，贫穷的人烦恼不能富有，富有的人烦恼如何守住财富……

你羡慕她有气质，她羡慕你健康；

你羡慕他富有，他羡慕你年轻；

你羡慕她的婚姻美满，她羡慕你的自由；

……

大多数烦恼都是不能立足于当下，不能寄情于自己的美好。

我们常常会后悔没做某件事情，比如某个投资、与某人成为伴侣等。其实根本不用后悔，因为这里有一个被忽略的秘密：你错过了某件事或某个人的同时，其实也避免了很多因为那件事或那个人可能带来的烦恼。

世俗烦恼多，你观察一下自己的烦恼，绝大多数来自世俗；读书是解脱烦恼的智慧，你思考一下，低维认知所造成的烦恼往往是被更高维的认知解决的。从冲突到和解，从怨恨到放下，从嫉妒到努力，后者都是高维认知。

迷茫或许只是没有努力

如何培养早起的习惯？只需要控制早起，而不要控制早睡！

很多人想改善睡眠质量，但都用错了方法，晚上企图早点儿上床睡觉，但其实大脑还很亢奋，反而因为失眠而苦恼，第二天太困又起不来。其实应该只关注早起，困也要起，早起后，开始一天的精力消耗，到了晚上，精力用完了，身体疲倦了，自然就困倦，就想上床睡觉了。这个生物钟调节时间需要一个星期左右。明天你就试试吧。

有些年轻人会说自己很迷茫。我有几个问题：你曾经做过哪些努力来让自己不迷茫呢？你经常读书吗？有在学习一项技能或一门外语吗？每天坚持早起了吗？如果关于这些你都没有付出过努力，那你是会感到迷茫的。所以迷茫也可能只是没有努力而已。

把自己变好，我们的世界就美好了

我总觉得，人的心地越温柔、越善良，看到的世界也就越可爱、越美好。怎样才能让世界变好呢？首先要把自己变好，这样我们的世界就美好了。你觉得呢？

早起1个小时，相当于延长生命

生命不该单纯以一维年龄长度衡量，该以二维面积衡量。

生命面积=每天清醒时间×年龄。这样你可能会对早起有点儿吸引力。

清晨早起的1小时精力充沛，思维活跃，意识清醒，大脑产生的效能与意识流量相当于白天大脑被琐碎事务占据时效果的4倍，即清晨增加的早起1小时相当于增加了一天的3个小时，原来一天醒着的16小时现在变成了19小时。一天增加了近四分之一的时间，一生就增加了近四分之一的时间，按照人的一生原本80岁寿命算，即相当于增加了近20年寿命的面积。

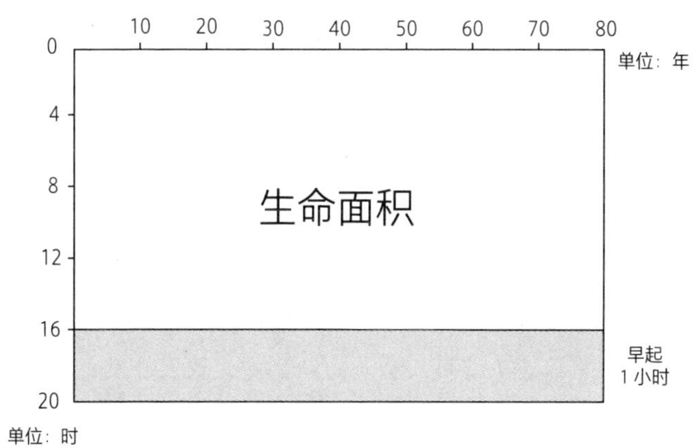

生命的目的是快乐

世界上任何一个看似光鲜的工作与事业，都有局外之人意识不到的苦涩，并且每份工作都有机会使你向世界传达善意与阳光，从而达成生命的目的。生命的目的是什么呢？这个答案也许就是那么简单且深刻：快乐！

如果你很聪明，那你为什么不快乐呢？有人会说聪明又不是服务于快乐。那么聪明服务于什么？有人说：外在的名气与对物质的追寻。那么我不可避免地就要追问一下：这些又服务于什么呢？依旧是快乐，不是吗？

如果你很聪明，那么你怎么能不快乐呢？

给烦恼找一个容器

当你没有选择的时候，不会因此而焦灼与痛苦，反而在有选择的时候会焦虑和心神不宁，生怕自己没选到最好的。有人将后者美其名曰幸福的烦恼，但其实烦恼就是烦恼，人生很短，一切物质的得失都不过是过眼云烟，而烦恼就是实实在在的烦恼……

给我们的烦恼找一个容器，如果是一个杯子，可能装不下；如果是一个水桶，可能会装满；如果是一个湖泊，可能放得很轻松；如果是江海，一定会很渺小；如果是宇宙与星辰，烦恼早已失去了意义。那个容器，就是我们的世界，我们的胸怀、格局与眼界。

一年轻松地读完20本书

分享如何一年轻松地读完20本书：一本书平均280页，20本共5600页，一年365天，平均每天读约16页。一天如何读16页呢？早起半小时，可以读8页，晚上睡觉前再读8页。早晚各8页，是不是很少？这样一年下来，不知不觉地就读了20本书，已经超过95%的人了。

赠人玫瑰，手有余香

人，是事的因，所以“对事不对人”只能解决具体的某事件，如果人未改，那么事还会出现，因为事受制于人的理念、想法等，所以一切都在人。人是因，事是结果。遇到事情的时候我们需要关心人的情绪、人的想法、人的性格、人的天性，而不要让事情本身超越了人的重要性。

帮助他人的成长，更利于我们想做的事，赠人玫瑰，手留余香。

我每天阅读40页的方法

我现在每天的阅读目标是40页，分享一个好方法。

在每日开始阅读前，就在要完成的40页后的那一页写上“Fine here!”它就像一个路标、一个驿站，让自己知道到了那儿就可以停下来歇歇脚。等到翻到这一页的时候，就像见到了老友，很是欣喜。

活在当下是极美的

人生中，没有什么事是必须做的，即便是当时的梦想；也没有什么事是一定不能去做的，即便受当下的制约。大多数人的一生中，在脑海中想要去做的事情有99件，实际做的只有一件。

应该倒过来，快速去做，快速去试，即可快速地找到热爱。

每个人都说“活在当下”，但其实能做到的人少之又少。“当下”即为“此刻”，就是你沉浸在此刻的人与事情上，别无他想。活在当下就是：在此刻，你没有了身份、角色与环境，没有了曾经，也不会考虑未来，全身心地投入此刻。这是极美的，也是极难的！

遇到的困难越多，自己会变得越强大

“困难”的原理和意义是什么？困难是在你当下掌握的思维、技能、知识和工具无法解决的问题，如果想要解决，就得补充解决这个困难所需要的思维或技能等，这个补充的过程就是学习。所以你遇到的困难越多，并在不断尝试解决，就等于在让自己变得越来越强大。

人最大的苦难是用科技与金钱也解决不了的苦难，比如无法解决的健康问题，再也无法挽回的爱情，再也无法获得的信任，竭尽全力也找不到生命的意义……若想克服这些苦难，需要的不是金钱，而是更高级的文明与智慧。

好好虚度时光

浅薄地认为，80%在企业里工作的人幸福感要强于经营一项生意或创立一个公司的人。所以多数人可能恰巧选择了一种更惬意的生活方式，因为少操心其实是福气，且有时间和精力享受下班后的闲暇时光。经营公司要费很多心力，不仅要考虑销售、市场、财务、生产、税务，还要操心人事、风险、公关等事宜。

明天的烦恼明天再说

你还记得47天前的烦恼吗？那84天、165天、521天、977天前的呢？都不记得了，对吗？同样，今天的烦恼也不会在将来记得。无论你当下有怎样的烦恼，时间都会慢慢治愈一切，你以为过不去的难关都会过去。明天的烦恼明天再说，去努力工作生活吧，请继续保持有趣。

生活中有时我们会觉得遇到了过不去的难关、承受不了的压力。有一个很好的解决办法：找一个周末，到附近的一家医院，去化验科找一个距离取报告机器最近的座位坐上一天，一天下来，你会觉得自己遇到的都不是事儿。无论你有怎样的烦恼，你都还有健康，这胜过一切！这世界上还有很多人连痛苦的权利都没有，就不得不与这个世界告别了。

人与人的关系就像火炉

自己培养的习惯犹如悉心照料的生命，随时会挂念着它，一天不见它心都会空落落的。假如你晚上8点逛街时突然想起来今天还有20页书没读，就犹如今天还没给照料的小生命喂吃的，一定会想着赶紧回家。这个小生命也会滋养你，先是你滋养了习惯，后是你的习惯滋养了你的一生。

在不影响家庭和谐和赡养照顾的情况下，不一定必须要跟父母生活在一起。因为两代人的受教育程度和人文环境差异，势必导致你的习惯、想法和行为在父母眼中有很多“问题”。人与人的关系就像火炉，太远了感受不到温暖，但太近了，就可能被烫伤……

保持好奇心，保持精力，保持生命力

如果你仔细观察，会发现一个规律：要做一件事，小朋友是跑过去的，青年人走得快一点儿，中年人是步行速度，老年人则缓慢前行。因为随着年龄的增长，好奇心在衰减，精力在衰减，生命力也在衰减。我们要保持好奇心，保持精力，保持生命力！

我们习惯于用年龄作为标准来判断我们的健康和衰老状态，但显然不同人在同一个年纪的状态差别是很大的，有的人50岁像40岁，有的人40岁像50岁。所以我决定以后不再计算自己的年龄，而用面容、体力、活力、精力作为标准来体现生命的状态。

避免竞争可以激发更多的创造力

我不喜欢竞争，因为往往在竞争中，人性不美妙的部分会更多地被展现出来。避免竞争可以激发人们更多的创造力，在人类未探寻过的领域创造更多以前从未有过的价值与财富。

每个人都拥有浩瀚如宇宙般的大脑

每一个人，即使无足轻重，或身无分文，但其实你拥有着浩瀚如这宇宙一样的大脑。如此珍贵的东西，我们每天顶着它，它比世界上任何一台大型电脑都要精密，但凡稍微利用一下它，就可以创造无限的奇迹。

做任何事情前，都要找到意义和理由

很多人每天都在忙，忙于成才，忙于奔波。忙碌之余，料想生命该多些情调：有时诗词很美，五花马千金裘……有时音乐很美，红尘来去一场梦……有时情怀很美，有时夜空也很美。

你看起来终日很忙碌，但可能你根本还不知道你在追求什么。就像一个高中生每天学习，但其实他可能并不知道他学习的目的是什么，只是社会和家长告诉他必须要考上大学。所以做任何事情之前，我们有责任先给自己找到意义和理由。

世界上有两种堕落，一种是向下堕落，一种是向上堕落。向下堕落很好理解，如沉沦、沉迷、游荡、无所事事，等等；向上堕落则穿了一层向上的外衣，骗了大多数人。向上堕落是：为了工作，为了生意，为了荣誉而弄丢了自己生命的意义与身体的健康。

正确理解人生目标的意义

自己相信的事情就会充满热情地去做；消极会剥夺人去尝试的热情，或不能百分之百地投入。积极的10件事不会全对，10件里可能只对5件，但是收获了那5件事，就意义非凡。而消极的心态，不会去选择尝试，自然也就没有那5件事的收获。所以说，积极意义非凡！

人们往往误解了人生目标的意义，目标的意义不在于10年之后你是否完成了它，其真正意义在于这10年你在努力与坚持的过程中，对你的人生、你的生活、你周围的人产生的影响和改变，那才是目标的真正意义。

遇到不烦的小事，保持好心态

作为一名销售人员，我们的一言一行都被客户看在眼里，如果我们在生活中遇到一点儿不顺心的小事，如车被贴罚单、餐厅服务不到位、快递送错了等，就在社交媒体上指责发泄，这显得我们很没有涵养，也缺乏人格魅力。没有人愿意和没有人格魅力的人打交道，或者无法建立起深度的信任感。

我经常会听到销售员说“今天是特价最后一天”等类似的言辞，每次听到都会犹豫要不要下单。我给一个建议：以后只要听到这句话就做一个决定，不买！这可能让我错失几次真正的低价，但它会帮我避开买错东西的可能，因为人们在被催促时是极其容易冲动的。

寻找一件你热爱的事坚持下去

“坚持”是一件最简单的事，因为它不需要思考；“坚持”也是一件最难的事，因为它需要耐心。寻找任何一件你热爱的事情，然后坚持下去，就可以实现很多意想不到的愿望。

如果你觉得自己没有什么天赋，没有什么特长，没有过人的头脑，没有过人的长相，也没有夸张的好运气，但你还想逆袭改变自己的命运，该怎么做呢？这样做：找一件事情，每天坚持做。

第二章

CHAPTER 2

哲思之路

——生命自洽的本质是与自己打交道

如果想把工作做好，

建议多研究心理学，因为工作做好的核心是与人打交道；

如果想把生命过好，

建议多研究哲学，因为生命惬意的本质是与自己打交道。

积极思维不仅是种心态，更是充满智慧的选择

如果你有消极思维，看看你能从中得到什么——

没食欲，失眠，发脾气，人际关系疏远，工作效率低下，没有快乐感，甚至生病；

如果你有积极思维，看看你能从中得到什么——

希望，付诸行动，自信，食欲，运动，思维敏捷，健康，好心情，幸福感。

看起来积极思维不仅是种心态，更是充满智慧的选择。

永远追寻自己认可和想做的事

永远追寻自己认可的和想做的事（在不影响别人的前提下），即便成为他人眼中不切实际的理想主义者，也永远坚定。这样不仅可以温暖自己，也默默地鼓励了别人。并且在这条路上，你一定不会孤独，一定会有同行者。

一个人不该因为任何人与事而放弃自己的兴趣与热爱，包括孩子、爱人或父母。我们常常以爱的名义做出严重伤害自己的事

情，这个伤害包括梦想、兴趣、生活方式等。最终的结果是我们活成了别人夸赞的榜样，却始终无法活成自己。

阅读会养成谦虚的心态

每次翻开书之前，都觉得自己懂得很多；每次翻开书以后，又觉得自己懂得很少。这个无穷无尽的世界，懂得越多就越觉得知道得越少，所以阅读会养成谦虚的心态。

在生活中，有没有一些我们需要了解但还不了解的呢？比如如何避免烦恼，如何保持自律，如何坚持价值观，如何保持快乐，等等。如果我们从来没有探寻过这些问题的答案，那么我们凭什么就能自动做对事情呢？

教练是行动榜样

任何一个人都是可以转变的，起点在想法上，然后想法牵引着日常的行为，从而使转变后的生活跟以前相比截然不同。这个转变如何开始呢？寻找自己生命的教练是个有力的途径，体育教练可以更好地指导运动员发展，而心灵的、生命的教练可以引导我们从独特的角度看待生命，从而让生命更好地发展。

一个生命教练的力量与他阅读的数量、思考及实践的时长，是高度正相关的，而非培训与知识所能授予。

对教练最大的鼓舞一定不是他又获得了哪个机构的名誉头衔或身份，而是在这个星球上又有多少个生命因他的到来而发生了人生的蜕变，向阳向光，有情有爱。教练也一定是行动榜样，行动的语言响彻大地与心扉。

快乐是对活着的赞美

对有些人来说，一件物品，无论是有形的还是无形的，拥有得越多自身的满足感就越低。美味吃多了就索然无味，新车开久了就失去了新鲜感，新包、新衣服、新房子也都一样，无法让人获得持久的快乐。

快乐有大小之分吗？快乐有高级与低级之分吗？快乐其实就是大脑释放的化学物质让人产生的感受。没有说吃一块牛排比听一首老歌更快乐，也没有说被老板嘉奖更开心，快乐就是对活着的赞美。

做自己相信且喜欢的事

在生活中，我们一定给别人许过很多承诺，也被别人无数次许诺过。可是，什么样的人的诺言更可信、可靠、值得托付呢？我认为，他一定是一个相信自己的人，即他会坚信自己能做成某事。

如何成为一个被信任、被喜欢、被尊重、被爱慕的人呢？很简单，你去观察一下生活中那些你所信任、所喜欢、所尊重、所爱慕的人，看看他们有哪些具体的品质和行为，你就去学习那些优秀的品质和行为，比如言行一致、作息规律或读书等。

原则就像是灯塔

原则对一个人或机构的意义是什么呢？就是在遇到重要抉择，不知该做怎样的决定时，原则就会像灯塔，告诉你路在哪儿。分享下我生命的原则：有趣、仁善、正直。

来看看“价值观”和“道德信仰”对一个人和企业的意义，在日常工作生活中一定经常发生与别人产生纠纷和利益冲突的时候，时常不知该如何抉择，这是利益在左右着我们，金钱利益、荣誉利益、权利利益……你可以以你的公正、公平、诚实、善良为原则，这就是价值观的意义。

以你热爱的、舒适的方式过一生

我们的一生，没有任何人规定必须遵循某一种特定的方式、特定的性格、特定的礼仪、特定的学业、特定的成就……以你热爱的、舒适的方式度过一生，因为那是你的一生。

一本书即便只读懂一句话，也值得

在阅读一本书时，别要求自己掌握所有的内容，因为你会陷入那些难以掌握的内容给你带来的沮丧中；如果你更关注那些你能掌握的内容，你就会一直处在一种喜悦的状态。一本书即便只读懂一句话，也值得。

每次出差的路上，我会跟坐在旁边的人分享读书的体会，会有80%的人说平常太忙了，没时间或不喜欢看书。但其实，我们今天的物质和精神所得都是我们以前学习的结果，那时是被父母老师要求学习，现在没人要求，也往往不再学习了。学与不学，人生的分界线可能就在这里。

生命惬意的本质是与自己打交道

如果想把工作做好，建议多研究心理学，因为工作做好的核心是与人打交道；

如果想把生命过好，建议多研究哲学，因为生命惬意的本质是与自己打交道。

哲学就像思维的地基一样，坚实的地基建立起来的思维，坚若磐石。

有几个基本的要素：理性、逻辑、客观。

人的生活感受来自变化与现有基础的比例

说到清闲，忙得焦头烂额的时候，人会想着如果可以什么工作都不做就好了，这样就可以享受清闲。其实空闲只有处在忙碌的间隙才能让人愉悦，需要与忙碌对比。想象一下，如果人生只剩下什么事情都不做的时光，不出两个星期，空闲就变成无聊了。

人的生活感受来自变化与现有基础的比例。“现有基础”就是平衡状态，意思是不管你有多富有、多贫困或爱人有多漂亮，时间长了生活的感受都差不多，即富人没比穷人开心多少。这个“变化”对快乐的贡献就显得很重要了。

请谦虚谨慎

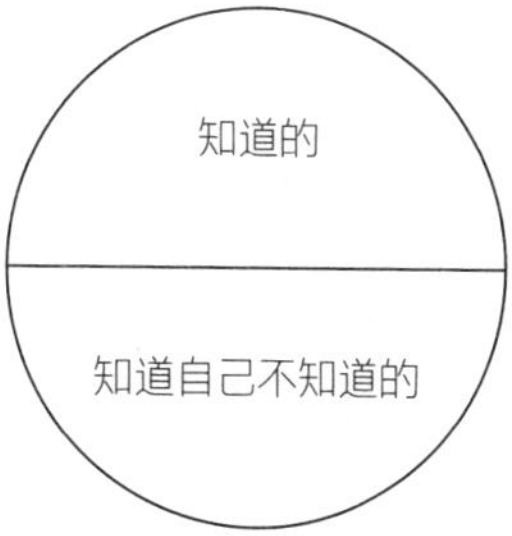

请看右图，圆圈代表我们大脑里存储的所有认知，包含我们知道的，还有知道自己不知道的。在这个圆圈以外，就是我们认知以外的，即我们

不知道所不知道的。在你与别人争论的时候，你怎么知道所争论的是不是在圆圈外面？所以，请谦虚谨慎。

人性很难被定义与评价，它只能被看到

人性非常复杂，它就像舞厅天花板上方那个反光的彩色多面球体，你看到它反射出的颜色，不是因为它只是那个颜色，而是你只看到了那个面的颜色，它还有无数的面存在着。所以人性很难被定义与评价，它只能被看到。

把人性比喻成硬币，硬币一定是有正反两面的，就是人性的善恶。在社会中，人性的善与恶是相互依存的，如果没有恶的衬托，我们也很难理解善的动人与伟大。同样，也正因为有善的存在，才让我们对恶产生了深度的忧虑与警惕。

如果一直活在别人的看法里，你是怎样都活不出自己的人生的

把自己现在所有的烦恼写下来，可能大多数烦恼都是源自他人的看法，而实际上，那是很虚幻的。那些旧习俗中的面子、礼仪，让你苦不堪言，但你依旧会执行下去，面子就是别人对你的看法，如果一直活在别人的看法里，你是怎样都活不出自己精彩的人生的。

我们的心灵就像一块肥沃的土地，它总会生长一些东西。如果你不给它种上庄稼，那它就不可避免地会生长很多杂草。庄稼就代表着丰富的思想、充盈的人生。杂草就代表生活的琐碎、陋习、迷茫、嫉妒、怨恨……

花时间在自己热爱的事情上

我们花了很多精力和时间在关注别人的事情，别人考了多少分，别人买了什么车，哪个明星跟谁结婚了……这世界从来不缺新鲜事，永远都关注不完，但世界上只有一个你，多花时间在自己热爱的事情上。

学会断舍离

大学同学推荐给我一首歌，他说是在短视频平台上看到的，讲一个癌症病人，他的愿望是能看到明年春天，这首歌是背景音乐。我陷入了沉思，有时，我们想要的太多了。但对于一个癌症病人来说，他想要的不过是能看到明年的春天。

人们常常不舍得扔掉家里不用的东西，总觉得丢掉太可惜了。但其实，每样东西在某种层面上都是生命的负累，你都要花时间去整理它、打扫它、收纳它，也许它有用，但它也侵犯了生命的闲暇。当生命准备告别时，没有东西是不可割舍的。

读书更容易让人改变

我们在网上会看到很多震撼心灵的句子，看起来能给自己一些安慰和指引。但实际看下来，它们对自己的影响周期很短，可能过几天就忘了，自己又会陷入往常的心境中。为何？料想是因为只有答案，没有推理过程，让人无法充分地吸收理解。所以我推荐完整地读一本书，一本书用300页来论证一个或几个道理，包含了举例、推理、分析等。所以读书更容易让人发生改变。

会选择比较对象是智慧

自出生以来，我们就拥有一个除了带来痛苦不能带来其他任何东西的特质：嫉妒之心。我们嫉妒他人所获得的财富、名利，却很少嫉妒别人的幸福感。因为嫉妒往往源于比较后发现自己某物的缺失，而幸福感，很多人还意识不到。

我们活得痛苦往往是选错了比较的对象，人有个习惯，即总是关注比自己优越的人，久而久之便会充满羡慕，反观自己的不如意。在地球上有万千个物种，如果你跟它们比，你会觉得能成为人类是极其珍贵的。所以，会选择比较对象更容易开心，更是一种智慧。

读好书、求良师、交益友

有些时候，人们对现有生活状态不满意，例如日复一日地没激情，家庭关系不和谐，朋友相聚少，自己脾气不好……

我有一个好办法：明天做一件今天没做过的事，例如早起一个小时，例如换个交通工具上班，例如说36个谢谢。在一个数学等式里，左边变了，右边才会跟着变。而生活，也是一个等式，左边是你做了什么，右边是你的收获。不要盯着等式右边的结果，而要看等式左边，你做了什么，你还能做些什么。

一个人目前的状态是由他之前大脑中的智识总和决定的，如果我们大脑中的智识不变，那么生活也将一成不变，忙碌的一直忙碌，烦恼的一直烦恼。如何增长智慧呢？读好书、求良师、交益友。

身体是最爱自己的

人都有渴望被爱的本能，也有人难过于没人爱自己。这个世界可能没有谁比你自己的身体更爱你的了，你身体里的巨噬细胞，24小时不间断地巡逻，揪住进入身体的“坏家伙”，白细胞兄弟们成群结队干掉它们。喷嚏、疲倦等都是身体保护自己的方式，身体里的小家伙们在默默地爱着我们。

享受过程更重要

人们大都很在意结果，以至产生一些极端的想法：一切只为结果，不管过程。深入思考一下，人生99.99%时间都在过程中，落在结果上的时间只有0.01%；过程是时间段，结果却只有时间点。如果能享受过程，岂不是就做到享受人生这个终极目标了？

人生最快乐的时间不是在没有时，也不是在拥有时，而是在从没有进入拥有的过程中。饿着不快乐，吃饱不快乐，吃的过程才快乐。

勇敢做自己

究竟如何克服恐惧呢？例如在众人面前说话，跟客户开一句玩笑，向某人表达爱慕之情，等等。恐惧的原因是对结果不确定的焦虑。遇到以上情形，多做几次，做着做着就知道结果了，就忘记恐惧为何物了。以后遇到害怕的事情，先闭上眼睛去做。

你见过被所有人喜欢的人吗？在现世的公众人物里，无论政界、商界还是娱乐界，几乎都有不喜欢他们的声音。再看看人类历史上伟大的人都有人不喜欢他们，我们又何必因有人不喜欢自己而耿耿于怀呢？去勇敢地做自己吧。

第三章

CHAPTER 3

如何学习

——当你开始阅读时，便是最好的书遇见最好的人

讲到学习，有些东西你之所以学不会，不是因为它很难，其实内容是最不关键的一个环节，可能是你未掌握有效的方法；不过方法也不是最重要的，最关键的是学习的状态。所以，学习状态>学习方法>学习内容。检视一下，大多数人学习问题出在前两个方面。

当你开始阅读时，便是最好的书遇见最好的人

有时看一本书会想到一个人，

有时看一个人会想到一本书。

书是沉睡的人，

人是行走的书。

当你开始阅读时，便是最好的书遇见最好的人。

死亡是一个过程

我们日常对疾病的治疗方法值得反思。比如一咳嗽就想到去吃药，其实咳嗽是身体自我保护的一个动作，要把病毒、病原体、危害健康的物质咳出体外，身体的设计极其精妙。

死亡是一个过程，我们每天都在死亡一点点。身体的衰老、精力的衰减、脑力的衰退就是在慢慢走向死亡。我们用一生慢慢死亡，就比较容易接受这个事实。但如果没有这个过程，在20岁的时候需要面对死亡，这是断崖式的死亡，人是无法接受的。

成就是日复一日的刻苦换来的

据说《创新者的窘境》这本书对乔布斯影响巨大，以至于后来影响了苹果公司的很多产品。我们经常想遵循一些伟人，或是极其有成就的人的足迹，想知道他们到底是怎么办到的，其实没有那么多天赋异禀的人，乔布斯、巴菲特、比尔·盖茨、埃隆·马斯克等，都是从大量阅读中走过来的。

“天赋”这个词语往往给“平庸”的我们的不努力提供了一个避风港，让我们以为别人杰出的才能往往都是天赋，而我没有这样的天赋，所以我没有才能与成就也就理所应当。事实可能有些残忍，即别人的成就几乎都是日复一日的刻苦努力换来的。

人会对失去美好惋惜

人性中有这样一个规律：

人对自己已有的事物都不太敏感，如财富、情感、名声、工作，但会对变化着的事物比较敏感，比如财富突然缩水了，爱情失去了，名声下降了，工作变动了。这解释了人们对失去美好的惋惜与对得不到的事物的惦念。

培育梦想树苗

自从设立了每天读书40页的目标，每天都能达成。截止目前我已经读到第14本书了，可见目标的力量是巨大的。无论你想做任何事情，只要设立目标，并找到恰当的方法，几乎都有可能完成。

很多年轻人表达过找不到人生的目标和梦想，不知道自己该做什么想做什么，觉得很迷茫。很显然，用“找”这个字就已经错了。梦想不是在原始森林里寻找最高的大树，而是我们亲手栽种的树苗，你的培育会让它慢慢地长高长大，是慢慢变得清晰的。如果我们没有栽种培育过自己的树苗，当然会迷茫，不知道自己的梦想是什么。所以培育梦想树苗的第一步就是：读一些好书，结交一些好人，一起走一段少有人走的路。

读书应抱着无用的心态去读

公众号可以看，但不要把公众号作为知识和信息的主要来源，读书才是更为稳妥的选择。很多写公众号的人的知识与智慧也是通过书籍获得的。公众号上写错了可以很快删掉，而书籍出版要求更严谨。

读书应该抱着无用的心态去读，不去追求有用。因为但凡追求有用的话，一读不懂就会沮丧，二记不住就会郁闷，久而久之，90%的人可能就此放弃不读了。读书就像中药，它是浸润身体以求强健的，不像西药是要求立竿见影的。求无用是读书学习、中药浸润之道。

用眼睛看到的世界不是世界的全部

这世界就像一座冰山，上面很多规则和原理都是比较明显的，在水面下，也有好多原理和逻辑不被人知晓，我称它为秘密。前人潜到水下，看到了这些秘密，回到水面上，把它编辑成书，告诉我们。你用眼睛看到的世界不是世界全部的样子。

一切商业规律都是人性的规律，一切感情问题都是人性的问题。商业与感情只是人性的表面现象，我们若想解决商业与感情问题，应当探寻人性本身，而非只停留于表面。然而，我们更热衷的是模仿别人的商业模式，模仿别人写的情书……

企业引导新录用的大学生树立正确的价值观

刚毕业大学生的职业思维及价值观还没有完全形成，这个时候很容易被第一份工作影响并贯穿一生。一个有责任感的企业对待新录用的大学生会引导他们完善正确的价值观，如坚持学习、帮助同事、创造价值等，而非投领导喜好，一切以利益为导向，等等。

我们的行为和我们的意识经常存在着矛盾与冲突。我们常常嘴里说“诚”，跟员工讲，跟客户讲，但自己却没有做到。

老板如何正确引导员工？

如果一个50人的公司，每人每天能看10页书，一天就是500页，约等于2本书，一年就是700本。没有任何一个短期培训能比自我学习产生的效果更令人震撼。

员工的心态和职业经理人的心态是不一样的，职业经理人的心态和自己做老板的心态是不一样的。导致差异的原因是什么呢？内心的责任不一样。员工只为分内工作负责，职业经理人是要对公司负责，而自己做老板得对自己整个人生和家庭的未来负责。为一份收入而谋的心态和为整个人生和家庭命运而谋的心态当然会不一样。所以老板们如果想让员工充满责任感，不能仅仅靠收入，要在思想、价值观、文化等方面引导员工。

一件事可以被描述，它就可以被学习和模仿

如果一件事情可以被描述，那么它就可以被学习和模仿。假如你看到一个很有演讲能力的人，他所掌握的演讲方法是可以被描述出来的，比如停顿、语速、站姿、互动等。这些方法如果你有序学习，就可能成为一个好的演讲者。

没有任何一个人的承诺是100%可靠的。因为所有的承诺都是思维发出来，而所有的思维都是由认知决定的，而认知一定是会随着被动学习和主动学习而变化的。会变化的东西就一定不会是永恒的，那么就能推理出世上没有任何承诺是100%可靠的。

朋友的核心意义指向的是精神需求

朋友的意义究竟是什么呢？人们常说朋友多了好办事，但好办事只能算朋友的附属意义，不是朋友的真正核心意义。朋友的核心意义指向的应该是精神需求，而不是物质需求，“办事”显然属于物质需求范畴。精神需求应该是关爱、惦念、分享、陪伴、倾诉……能给我们带来这些感受的朋友，才算是真正意义上的朋友。同理，我们也可以以这些精神需求点作为参照，让自己找到一个真正的朋友。

在意日常安全的防范

有些人对于日常安全的防范不是很在意，换个思维方式可能效果大变：我们或许不该假定人一生是安全的，应该假定人一生会经历50次事故，由于我们的安全谨慎，我们成功地避免了这50次事故。这些安全防范给我们个人带来的收益价值千万或上亿元。

人的第一等智慧应当是保全或者不失，而非求取或者获得。保全身体，保全关系，保全财富，等等。获得一样东西的过程是艰难的，所以如果不能保全是非常不划算和令人沮丧的。获得爱情可能需要努力十年，而失去只须刹那，但痛苦却可能永远都在。

有时，问题的化解也就是一句话的事

从高铁站出来排队乘出租车，由于要去的地方距离很近，上车时我跟师傅说：“师傅，真的对不起，让您排那么久的队。我去的地方不是很远，耽误您生意了。希望您把我放下来之后能接到好单，真的很抱歉啦。”师傅一下子就笑了，看起来就不那么生气了，还说这是应该的。有时，问题的化解也就是一句话的事情。

读书收获的是把人生过好的智慧

讲到学习，有些东西你之所以学不会，不是因为它很难，其实内容是最不关键的一个环节，可能是你未掌握有效的方法；不过方法也不是最重要的，最关键的是学习的状态。所以，学习状

态 > 学习方法 > 学习内容。检视一下，大多数人学习问题出在前两项上。

读书这件事，跟学历没有关系。学历只代表你学习了某一专业学科的知识，它可能服务的是工作。而读书收获的是把人生过好的智慧，它服务的是生命。学历很高的人有很多，他可能成为工程师、科学家、专家等，但这不代表他一定活得很快乐。

感受是由思维方式决定的

有一件事几乎可以确定：我们所有的好的感受、心情，坏的感觉、痛苦几乎都是由思维方式决定的，跟遇到的事情的关系只有差不多10%。例如一次面试失败，可以理解为自己能力不足，也可以理解为自己与岗位不是很匹配。不匹配的关系即便得到了也不会和谐，不和谐必定招致痛苦，所以没有应聘上也不是坏事，这样便不会感到痛苦了。

改变并影响人类生活的重大发明是秩序

改变并影响人类生活的最重大的发明，不是电，不是互联网，不是手机，不是汽车……而是秩序。每一天，让全世界的每个人按照一定的秩序开始劳作，不需要一个主机大脑来指挥和分配，只需要秩序，然后就会自发运行。

社会行为从根本上说是人与人间的互动

在销售和面试过程中，首先提产品或自己的缺点。这样做的好处是可以让对方卸下防备，并且觉得你是一个坦诚的人，会更加倾向于与你合作。社会行为从根本上说是人与人间的互动，获取他人的信任是非常重要的。

买东西时人们都要求有合格的销售行为，大家只关注销售合不合格，忽略了客户也有合不合格。80%的情况下客户根本不知道自己需要什么，所以不要一味地做市场调查或只浅层次地满足客户的需求。更高级的是让客户知道自己想要什么、需要什么。

多花时间学习和思考

读书这件事，不需要家境好、长相好、头脑好，只要想做、肯做，没有人可以阻止我们读书学习，除了我们自己。

你时间花在哪儿，你就在哪儿有收获。时间花在熬夜上，你就收获疲倦；时间花在健身上，你就收获好身材；时间花在读书上，你就收获智慧；时间花在练习英文上，你就收获流利的英语口语表达。多花时间学习和思考。

人生的智慧

在酒店用早餐的时候，跟一位陌生人交谈，聊了关于读书的意义和好处，差不多聊了12分钟。快离开的时候他问："你能推荐一本书吗？我也想试试阅读。"我思考了一下说："我送您一本书吧。"然后从包里拿出一本叔本华的《人生的智慧》送给了他。

婚姻需要智慧

在婚礼现场我们见到过很多的感动，听到过很多的祝福，但似乎大多数感动与祝福却未能像所期盼的那样将美好继续下去。婚姻幸福这件事对所有人都是公平的，它无关长相、财富、地位、声名，它需要有智慧、学习、共情、理解等。

我们要有爱与善的种子，还要有耐心

我始终相信，每个人都有善与美好，之所以有时候他们看起来不是那个样子，是因为他们那份善与美被遮住了，我们需要帮助他们。这就要求我们首先要有爱与善的种子，还要有耐心。

什么情况下帮助别人是值得的呢？比如你所需要付出的时间和成本很小，但对别人的帮助很大，自己投入1分，别人得到100分的回报。这样的事情就值得做。

少有人做的事值得去做

同学会的时候，有同学极力推荐了《庄子》。只要是有人推荐的书，都值得去看。想一想自己给别人推荐的书，也都是那些极其震撼自己心灵的书。所以我在想，如果看完100个人推荐的100本书，那心灵该被震撼成什么样子？少有人做的事值得去做，少有人走的路值得去走！

体验有趣的生命过程

平时出门的时候，我的包里会放两本书，一本是正在读的，另外一本是随时准备送给遇见的人。不求回报的赠送，不求再能联系的赠送。我认为，这是一种有趣的生命过程，有趣比有意义更有意义。

我们对朋友、同事、合作伙伴、家人客气，不代表我们品德好，是因为这些人都对我们“有用”。我们能对对我们“无用”的人也客气吗？如路上的陌生人、餐厅的服务员、车站清洁工等。如果没做到，那么我们的行为就是以功利导向，非人格导向的。

优先把自己照顾好，而后爱人

人拥有生命，生命中一切美好都是它开出的花。美好会被夺去，就像花会被风吹落，会被人采摘。但都不要紧，生命将来还会开很多花，结出美好。所以，无须在意美好的得失，就像无须惆怅于花开花落。关注生命本身，它是一切的原因。

不要把你的生命、时间和爱，全都奉献给你的伴侣、工作或孩子，先温暖和照顾自己。就像在飞机紧急情况下，你要将氧气面罩先给自己戴上，然后再给孩子戴上。把最好的给自己，把自己变得最好，然后用最好的自己去爱，再把被爱的人变最好。

一本书可以影响人的生活习惯和思想

怎么样才能知道你本不应该知道的东西呢？去做你本不会做的事，去认识你本不会认识的人。秉承着这个原则，在酒店用早餐的时候我特意选了一个有人的位置坐斜对面。坐在我斜对面的大哥告诉我一本我本没可能读到的书。

一本书可以影响人的生活习惯和思想，而需付出的只有一句话：“请问我可以坐这里吗？”

寻找对象应更关注对方的价值观及是否不断学习

找对象不应过多地关注物质财富，应该更多地关注对方的价值观及是否不断学习。价值观不匹配是无法长久生活的，不学习的话是无法获得维持关系的智慧的，因为情爱的新鲜感很短暂，情欲的冲动无法抵抗生活的琐碎。

伴侣的选择绝不是越优秀越好，而是在相似的基础上略优一些。优秀的表现是上进心与不断学习，如果你本身没有不断学习的想法，那么两个人的价值观会越来越远，时间久了相处会很别扭：你会嘲笑他的情怀与梦想，他会无奈你的格局与眼界。

知道得越多，越会觉得自己很无知

知道得越多，越会觉得自己很无知。

人只能看得见自己想知道的，却看不见自己不喜欢的。

唯有爱，才能让生命永恒

如果觉得命运多舛，仕途不顺利，感情不顺利，赚钱不顺利，建议看一看《庄子》。相比于宇宙的无穷，我们竟然用如此珍贵的生命去关注那些不值得的事。

和宇宙相比，有限的几十年生命就像尘埃，顷刻间便会消逝。唯有爱，才能让生命永恒。

天下没有一个一直走大运的人，也不可能有一个一直走霉运的人。因为在混沌的世界里永恒一致是不存在。如果你在山顶上，往哪个方向走都是下坡；如果你在峡谷，往哪个方向都在向上走。

优化自己的思维方式和价值观

生活和工作中95%的问题，究其根本都是思维问题。掌握一个梳理思维的方法，就可以解决生活中大部分的问题。有两种方式可以快速获得这种方法：

1. 和智慧的人来往；

2. 读书。

从常人的角度来看，第二种方法比较实际。

我们总想通过找到喜欢的工作或爱的人，或任何外在的形式来获得幸福的人生，这些都是不可能实现的。因为外部环境不可能总是符合心意，所以，我们必须学会在外界不符合心意时，进行内在调节。行有不得，反求诸己。优化自己的思维方式和价值观，这是古圣先贤的通法。

第四章

CHAPTER 4

人性之光

——通晓人性是一种智慧

我常想，如果地上有影子，不是因为那个有影子的地方变黑了，而是影子以外的地方被光照亮了。同样地，在人性中，如果我们看到有暗处，不是因为它本来就是黑暗，而是没有光把它照亮。

有通晓人性的智慧

一次给你转账400元，和给你发4个100元钱的红包，哪一个会让你更开心呢？答案可能是后者。红包金额没变，但快乐增加了。可见，快乐是可以用一定方法激发和生产出来的，而非仅增加刺激物（钱）本身。须有通晓人性的智慧。

你热爱思考吗？

你热爱思考吗？可能你在遇到问题的时候不得不思考，但其实那不叫真正的思考，那只是你不能忍受问题时不得不做的尝试而已。真正的思考不是为了获利而思考，而是思考人生的意义。比如思考生命、人性，还有人与世界的关系。

减少比较，增加思想的丰富性

让人获得物质满足的原因不是金钱，而是金钱与欲望的平衡。如果你金钱不多，欲望也比较低的话，同样会有强烈的满足感。如何降低物质欲望？减少人与人之间的比较？增加思想的丰富性。怎么丰富思想呢？听音乐、旅行、阅读、与朋友交往等。

人间的痛苦有大有小，若小痛和大痛必选其一，当忍受小痛（如与不合适的人分手的一时之痛）而避免大痛（如跟不合适的人纠缠一生的长久之痛）。人生的快乐也有大有小，若小乐和大乐有矛盾，当舍弃小乐（如娱乐消遣之乐）而追求大乐（学业有成收获丰满人生之乐）。

人的品德犹如一栋建筑的地基

偶尔会听到人抱怨，说之前他帮助过的人反而伤害了他，早知道当时就不帮他了。但我认为，帮助他人是出于当事人的仁爱之心，他人不回报仅代表他无此慧心，不回报反而加以伤害也只反映其人品质缺失，丝毫不应影响当事人的初衷，又何必因此心生怨恨呢？

品德犹如一幢建筑的地基。如果你拥有正直、善良的品质，相当于你的地基极其牢固，你可以在上面盖任何建筑，如大厦、住宅、大桥等。但如果你的地基是沙子，很不扎实，盖一个牛棚都可能坍塌。

做一颗星火，去点亮他人

如果一个人可以做远远超出他能力的事情，即他有很大的潜能。有的人潜能会被开发出来，有的人可能一生都没有机会把潜能开发出来。其实每个人都是一根蜡烛，差别只在于有没有遇见那个能点亮他的星火。我这一生的使命就是去做一颗星火，职责就是去点亮他人！

善良正直带来心安和喜悦

有的人善良正直，但他的家里人很苦恼，觉得他总是吃亏，觉得做人不能太善良正直。

这个想法有问题！世人总把得失聚焦在物质层面，那精神得失就不重要吗？善良正直带来的心安和喜悦，难道不是收获吗？

认识到生活的本质是痛苦的

如果一个人还会痛骂和抱怨，说明他对这个世界还有很深的困惑。你可能不理解为什么有人这么自私、粗鲁、邪恶、愚昧，然后火冒三丈地宣泄一番。当你足够通晓人性和世界的规律之后，你就会知道，这个世界就是这样，必定有人是自私、粗鲁、邪恶、愚昧的，懂了这个道理，你就不会困惑了。

我经常跟别人说，生活本质是痛苦的。对方往往会反驳说："这样太悲观了。"其实我不是悲观，而是心存希望。如果认识到痛苦是生活的本质，会让人产生置之死地而后生的感觉，在痛苦的灰烬中抽出新芽。

我们总是为了幸福而努力，却总是感到不幸福

我们不喜欢别人要求我们做什么，所以要求别人不要提出要求，但我们自己反倒成了那个向别人提出要求的人。

我们总是为了幸福而努力，却总是感到不幸福。做的事情越多，纷争将越多，不幸福感也越多。正如老子所说："为学日益，为道日损。"

你认识你自己吗？

最让我们感到痛苦的不是自己贫穷，而是身边的人突然发达。当我们的同事、同学、亲戚有所成就时，会使我们的情绪产生巨大的起伏，这种人性因何而形成呢？可能是在进化过程中，人要始终确保自己的优势地位才能更好地生存和繁衍。

你认识你自己吗？你可能会说："我当然知道，我是 × × 的女儿，× × 的母亲，× × 的妻子，在哪里生活，在哪里工作。"这些都只是你的身份，不是真正的你。我问的是你的心灵，你懂它吗？

读书就像开关

读书就像开关。灯的发光原理、电线布置、电流、电压、电阻等统统不用你操心，就像读书时你根本不用担心你的教育经历、记忆能力、理解能力。你只须把开关打开，你的生命之灯就一定会发光，而且很亮！

读完1本书，如果你只能记得两个观点，就可以跟别人聊10分钟。如果你读了200本书，每本书能聊10分钟，那么你就能聊

2000分钟，就是30多个小时。读书多的人和别人聊天时是不会冷场的，他能跟你聊多长时间，取决于你有多长时间。

我们的状态取决于参照物

我们的快乐、烦恼、时间、贫富、大小，都取决于参照物。若以贫困痛苦为参照，我们就是富足快乐的；若以虫蚁为参照，我们就是巨人；以天地为参照，我们却又很渺小；若以飞蛾的生命为参照，我们活得无比长久；以永恒的宇宙为参照，我们的生命却又何其短暂。

你的生命是你服务的唯一对象

能力弱不重要，重要的是获得持久的快乐。工作不出色，不被领导器重，比赛打输了，考试不及格，被公司开除，落后于同事，被人看不起，这些其实都不重要，我们总是把一些外在的东西误解为生命的必需品，所以才会陷入长久的痛苦之中。

判断一个人的标准应该只有一个：他快不快乐，而不是财富、地位、荣誉。因为后三者都是呈现给别人看的，只有快乐是呈现给自己的。你的生命是你服务的唯一对象。

学会少花钱，其实也是在赚钱

每次在饭店吃完饭，我都会问一句："有团购或代金券吗？"然后营业员会告诉我怎样可以更优惠。相比直接结账，省了一点点钱。学会少花钱，其实也是在赚钱。

忠诚不是态度，是一个结果

很多企业会强调员工的忠诚度，这是值得商榷的。从根本上来讲，忠诚不是态度，它其实是一个结果。如果公司管理层不尊重员工、缺乏公正，而只要求员工忠诚，这是荒谬的；相反，若公司对员工真诚与关爱，便能获得忠诚。

人类一直在探索自己与世界的关系

从远古以来，人类一直在探索自己与世界的关系，有宗教的方式，也有科学的方式。从佛陀、耶稣、穆罕默德，到数学、物理、化学。宗教仍将流传下去，科学也会让我们在宇宙中走得更远。

心不安是让人烦恼的

贫贱与富贵本身不让人烦恼，让人烦恼的是心的不安定：贫贱想着富贵，富贵害怕失去富贵，都不能怡然自得。

遇见一个困境，可以运用逻辑与智慧让自己解脱，这时，只需要问自己两个问题：

1. 这个困境能解决吗？如果能解决为什么还忧愁？

2. 如果不能解决，那么忧愁又有何用？

人世间有百媚千红，不必因独爱哪一种而耗费了整个人生。终生解不开的局，便丢掉。

一切解决问题的过程，就是找寻途径的过程

在符合科学理论的前提下，只要有一个问题，就一定对应着至少一个答案。我们之所以解决不了那个问题，是因为我们没有找到解决那个问题的途径。所以一切解决问题的过程，就是找寻那个途径的过程。然后就是该发挥毅力和智力的时候。如果途径找不到，或是因为智力不够，或是因为毅力不够。

人们在追求自己所没有的状态

有时我们很固执，会一直坚持自己的想法、生活习惯、理念，觉得没有什么可以改变自己。但书里的文字，虽没声音，虽没动作，却总能在我们封闭的心灵之门上撬开一道口子，悄悄地影响我们，改变我们。

人只是在追求自己所没有的状态，而非更优的状态。因为无论人在哪个状态，时间久了都会厌倦。青年人把头发染白，老年人把头发染黑，人们去别人家乡旅行，围城外的人想进城，围城内的人想出城，每个人都想改变。

能抵御成功的诱惑，就能获得时间与灵性的自由

平常我们所说的某人很成功，其实是说他在某一方面成功，不存在一个成功的人这种语言表达方式，只是大多数人习惯性地把财务方面的成功与人成功这两个概念混淆了。除了财务成功之外还有很多种成功，如品格成功、情感成功、专业成功、兴趣成功、心情成功等。

普世价值观对成功的理解是它获得财富的成功与名誉，所以成功对绝大多数人来说都是极有吸引力的。但它所需要承担的成本和风险是很大的，比如失去清净心，增加压力与烦扰。能抵御成功的诱惑，就能获得时间与灵性的自由。

有深刻洞察生命与世间规律的智慧

春有百花秋有月，夏有凉风冬有雪。
若无闲事挂心头，便是人间好时节。

清闲很珍贵也很难得。难得糊涂，也难得清闲。

知识多、信息多不是生命通透的关键，关键在于有深刻洞察生命与世间规律的智慧。我也试了两个月不看新闻和微博，并没有感觉损失什么，反而多了更多的时间和清闲。新闻的内容大多是纷争与冲突，久而久之，会让人陷入焦虑。

10条改变人生轨迹的行为参照

我有一个习惯，每次新认识一个人，我就问他："请问你读过的对你影响最大的书是哪本？"得到回答后就买下来。如果看过50个人所认为的最好的书，将会获得怎样的人生呀！

我列了10条可以改变人生轨迹的行为参照。无论你现在是什么身份，按照这10条坚定不移地执行一年，人生可能会发生意想不到的变化：

1. 与任何一个人说话时，看他的眼睛；

2. 在公共场合坐或站立时，保持背部直立；

3. 每次被人服务时，说"谢谢你"，如就餐、加油、交汽车罚款、买菜等，记住是"谢谢你"，不是"谢谢"；

4. 在与人发生利益冲突时，自己承担损失；

5. 每天至少阅读16页书；

6. 在任何人给你带来不便时，都不可以怪罪于人；

7. 与他人说话前，先微笑；

8. 坚持正直；

9. 尊重每一个人的习惯，不可以把自己的理念强加于人；

10. 在保护自己的前提下，尽可能地帮助别人。深夜或偏远地方不要提供帮助，并礼貌地告诉别人。

我们时常忘了自己只有短暂的一生

为什么我们会有烦恼呢？因为我们时常忘了自己只有短暂的一生。我们以为我们的目的是学完某个课程，其实是认识一起学习课程的人；我们以为旅行的目的是为了到达某个景点，感受它的壮阔，其实可能是结识旅途中一个个有趣的灵魂。“吾生也有涯，而知也无涯，以有涯随无涯，殆已！”

快乐的根源在人与人的心灵纽带

我们现在的生活体验在某些方面比古时候的皇族都要富足很多：比杨贵妃更容易吃到荔枝，比秦始皇更容易吃到大闸蟹，我们有手机、电脑、电视、网络，有空调、暖气、席梦思。但我们不比古人更快乐，因为快乐的根源不在此，而在人与人的心灵纽带。

还有什么事情比在年纪还轻的时候就获得一颗富足的心灵更让人惬意的呢？想想还有充足的光阴可以去感受晨曦，内心就充满了感动。

不要总担心自己获得的不够多，应当担心自己给予的不够多。获得的越多只能让自己欲望越来越大，而给予的越多可以让自己的智慧越来越多。只有贫乏的人才不断渴望得到，而能给予的人也一定说明了他很富足，善的富足、爱的富足等。

每个人都有逆袭的机会

人性是不可靠的，制度是对人性的节制。公司制度、交通制度、法律制度、学校制度等都是对不可靠的人性的节制。你的承诺也是人性发出的声音，同样不可靠，你也一定打破过自己的承诺。所以任何承诺都要加上奖惩制度以让其可靠。轻信于人、轻信于己都很有风险，不要把筹码都放在不可靠的人性上。

几乎身边的每个人都有逆袭的机会，逆袭的方法就是阅读经典好书。无论你拥有普通工作或拥有普通学历，是普通出身抑或是普通头脑，你都可以通过反复阅读像《论语》《塔木德》《道德经》《理想国》《思考致富》《人性的弱点》等书籍来改变命运。

灵性之路

距离声色犬马越近，距离自己的心灵就越远。让我们有安全感的东西，也恰恰会让我们失去平静。在那条匆忙喧闹且拥挤的名利之路上，我们走了那么久，路似乎越来越窄，光阴越来越快，心却越来越疲惫。如果在这条道路上你找不到想要的答案，那么还有一条路可以选择，它就是灵性之路。

真正的爱不求回报

有人会苦恼，为什么他们的爱与关心时常不被接纳？对于小孩，对于伴侣，对于朋友，付出的爱那么多，还常常不被接纳。要我说，那其实哪里算是爱别人，那不过是爱自己给予爱的感觉罢了。真正的爱是不在意回馈的付出，是不求回报的给予，这种付出和给予是能被感觉到的。

时常听到这样的话："别人对我好，我就对他好；别人对我不好，我也不会对他好。"如果每个人都是这样的想法，那世间第一颗爱的种子该有谁来种下呢？如果我爱你是因为我爱你，纯粹自然，不可撼动，那该多么美好！

读上等书求智慧

几乎生活中的所有问题都可以在书中找到答案，生理的、心理的、工作的、情感的，等等。一个人任凭多有智慧，都无法与人类几千年记载成册的智慧总和相比较。

可千万别以为只要读书就是好的。书的内容和种类是纷繁杂乱的，如果选了不对的书会对心智产生很大的负面影响。如让一个十几岁涉世未深的孩子涉猎太多充满悲伤的文字，感受到的都是人间的不公与阴霾，试问没有阳光的树苗如何能长好？

书有三等：上等书，得智慧；中等书，得知识；下等书，得消遣。如果你读书总苦恼记不住，那是因为读的书还不够高级，只停留在读中等书得知识的层面。如果你觉得读书也就那样，似乎没什么用，那你读的是下等书，得的是消遣。需读上等书求智慧。

聆听是理解别人的关键

相信每个人都有过被别人反驳的经历，但其实大多数情况是，对方并不完全理解你在表达的观点。这种情况，只需要礼貌地问对方：“你能复述一下我的观点吗？”如果对方不能，你就需要提醒对方反驳的到底是什么了。我们在反驳别人时，也是同理。

怎么才能理解他人？理解是懂得，懂得的前提是了解。怎样才能做到了解？要知晓。怎样才能对一个人知晓？当然是聆听。

所以聆听是理解别人的关键。将来如果别人刚刚开口你就说“我理解，我懂”，其实你还不理解，也还不懂。因为别人才刚开口，还没说，你也还没听。

第五章

CHAPTER 5

爱憎之心

——用慧眼看人待世界

在日常生活中，我们厌恶的人，可能在被某些人喜欢着；我们喜欢的人，也可能在被某些人厌恶着。同样一个人，为何有人对他爱得深，有人却对他恨得切呢？人还是那个人，但是爱与恨都会遮蔽人的眼睛。提醒自己，用慧眼看人待世界。

我们能做的就是努力把家变好，多读书，多付出

在脑海中的千万般美好，也不如着手开始做的一刹那。当一个人弥留之际，他后悔的往往不是这一生做过什么，而是这一生有哪些想做却没做的。世界之所以是今天这样，是因为人类不断用行动在改变它，而不是空想。

不要去怨恨自己的国家，就像你不会怨恨自己的家一样。不要怨恨自己的父母没有学问，不要怨恨自己的孩子不够可爱。我们能做的就是努力把家变好，多读书，多付出。

我们自己就反映着国家的样子，如果我们自己乱丢垃圾，乱闯红灯，不讲诚信，那我们凭什么说国家不好呢？

真正的远方是心的距离

真正的远方不是喜马拉雅山脉或海角天涯，而是心的距离。比如早已离你远去的人的心里，比如你不愿意原谅的人的面前，比如恩断义绝的朋友的家里，这些地方不是你买一张机票请个假就能到的。若心在，虽天涯却可咫尺；若心不在，虽咫尺却似天涯。

阅读，应抱着一种谦虚的心态

阅读，应该抱着一种谦虚的心态。只有这样，我们才有机会从书中获取某些知识和受启发的思考方式。没有任何一本书不包含无用的内容，也没有任何一本书的内容是完全无用的。不要因为作者写的内容不够全面而批评他，因为没有人是全面的。

我衷心地建议非必要的书不要读第二遍，因为世间的智慧与至善都是一致的，而不同的书其实是在用不同的形式讲着同一个道理：至诚至善，乐观热爱……无须为一朵花而驻足，整个山谷的烂漫鲜花都是你的。智慧无法通过学习得到，只能在无声的浸润中得到。

想爱一个人和会爱一个人是两码事，就像想考高分和能考高分是两码事。智商再高，也要有知识的积累。爱也一样，爱一个人需要有智慧、品德等。

我们有时会把复杂的事情想简单

我们有时会把复杂的事情想简单。比如生活，它不是由着性子来就能快乐的。得到不一定快乐，失去不一定痛苦，生活是身体、心灵、情感、直觉、习惯的混合，是一个复杂的集合。要想把生活过好，除了衣食住行名利欲外，还需关注心灵、哲学、感受、体验等。

心灵，离不开音乐；音乐，离不开美学；美学，离不开数学；数学，离不开逻辑；逻辑，离不开哲学；哲学，与心灵共存共舞。

阅读不同类型的书就会有不同的收获

世界上有很多种类的书，有消遣娱乐的，有传道授业的，还有可以发人深省的。阅读不同类型的书就会有不同的收获，就像跟不同的人在一起会有不同的收获。有的人可以一起玩耍，有的人像百科全书，还有的人可以启发你找到心灵深处的光。

在选择书籍时，上等做法选智慧，中等做法选知识，下等做法选消遣。如果你总是觉得读书无用，可能是你选书的方法出了问题。

一个人的成就，99%是练习的结果

一个人的成就，99%是练习的结果。从生理学角度来讲，世界上的天才比我们想象中要少得多。那些我们认为在某个领域卓越非凡的人几乎都是通过数十年如一日的不断练习而获得的。你几乎可以成为任何一个你想成为的人，只要掌握正确的方法和持续的练习。

除了天生的感官以外，我们所有的一切都是练习的结果，包括情绪。比如你很爱抱怨，因为你每天都在练习抱怨，堵车了抱怨，下雨了抱怨，时间久了，你就成了一个爱抱怨的人。

人海中接纳过自己的人是多么温暖与珍贵

我在高铁上向邻座的大哥提了一个问题，我说："您会搭理一个在公共场合与您主动说话的陌生人吗？"回答是："不会，或概率很低。"我做过很多次与陌生人交谈的尝试，被拒绝率还是挺高的，差不多80%的人会拒绝。这的确很无奈，同时也让我明白了那些在人海中接纳过自己的人是多么温暖与珍贵。

创造快乐

我突然清晰地认识到了生命的意义：

•传递更多的爱；

•让更多的人更幸福。

假如你的孩子以后选择了丁克，以此为基础请再思考一下：你这一生的意义到底是什么？

可能就是创造快乐，为自己，也为生命中遇见的人。

别去评判别人的兴趣和热爱

有很多朋友问我，是什么让我这么多年坚持阅读？我给了一个很接地气的答案：利益！大多数人只是听过“书中自有黄金屋”，坚信的人却少之又少。如果读一本书给你5万元，你还会说没有时间读书或者对读书没有兴趣吗？

别去评判别人的兴趣和热爱，因为你可能是还没有能力看到其带来的好处。举个例子，跑步，早起，阅读。你觉得那些坚持跑步的人太枯燥无聊，是因为你还没有看到跑步的好处；觉得读书没用，是因为你还没有看到读书的好处。

未来是很容易被干预的

今天是昨天的未来，今天遇到的部分事情，是由于昨天做了某些事情引起的。昨天做的事情，改变了未来。我们今天所做的事情，也在创造和改写着未来。

未来是很容易被干预的，但是假如我们每天都乘同样的车，拨一样的号码，那么我们很快就会陷入麻木中。人很容易对持续进行的事物感到厌烦。所以，不妨尝试着去见见没见过的人，做做没做过的事，给人生带来未知与惊喜。

关注自我的心灵，是美丽生活的唯一答案

很多时候，我们想要某样东西不是因为得到它我们会有什么好处，而是因为别人有的，自己却没有，在对比中产生了失落。比如别人买了新房新车，别人升职加薪。攀比心不会给生命带来任何好处，只会带来无穷无尽的烦恼。关注自我的心灵，才是美丽生活的唯一答案。

参加聚会，寻找圈子，这些都有欲望的影子，你会距离利益越来越近，但距离智慧越来越远。如果你真的想活得通透一点

儿，不妨读一些好书，持之以恒地做一件事情，这才是幸福之门的入场券。

智慧是长期沉淀的结果

我梦想的职业是灵魂雕刻师，具体做什么呢？

假设世界上有两个你，一个是现在眼前的你，一个是你期望成为的你，灵魂雕刻师的工作就是把“你”变成“期望成为的你”。

我们接受的培训大都收益甚微，因为智慧是长期沉淀的结果，而非通过两天高压培训就能获得的。培训的目的应当是点亮和启发，而非填鸭式地获取知识。所以灵魂雕刻师应该是一个深度的思考者、提问者和践行者。

消遣是精神消耗

网络上的信息是很丰富的，有让人欣喜的，也有让人狂躁的。长时间沉浸在让人狂躁的信息中，会让人眉头紧锁，咬牙切齿，肌肉紧张。无论你的初心是想让世界变得多美，现实是你正在让自己变得更差。

我总结了一下自己在与别人聊天时所讲的内容，有这样一个规律：80%是资讯，19%是知识，1%是智慧。我们聊的大部分就是一些通过新闻或所见所闻知道的资讯，是作为消遣的谈资，少部分是能让对方受益的知识，极少是能启发别人的智慧。消遣其实是精神消耗，智慧才是精神的滋养。

自己充盈，便会渡人

有时我们会说："我不喜欢思考人生，太费脑子了，不如糊涂着过。"其实没有人不喜欢思考人生，只有不知道思考人生的重要性的人。我们会思考我们不太喜欢的工作，我们甚至会思考我们厌恶的敌人，难道我们的人生不比工作和敌人更重要吗？

人对这个世界的认知的递进过程应该是：怨恨—困惑—无奈—怜悯—爱。刚开始看到厌恶的人本能是厌恶，然后会开始思考为什么有人会这样，于是就有了困惑，了解了本质后就会无奈，然后就会怜悯那些无礼的人，最后自己充盈，便会渡人，那便是大爱。

对于需要做但不喜欢的事，要强迫自己去做

对于像《黄帝内经》《本草纲目》这类流传下来的古典书籍，如果你花了2～3周的时间看完，却只能看懂1%，那么阅读还有意义吗？当然是有意义的，试想一下，你花了20天的时间就能领略到1%的具有几千年历史的中医智慧，那是多么的幸运。阅读是世界上成本最低、投入最少、价值最高、回报最大的行为。

一个人对待自己喜欢的事情的态度，只能体现他的兴趣爱好；对待不喜欢的事情的态度，才能体现他的人格与智慧。我们在生活中做的很多事情不是出于兴趣，而是出于需要。对于需要做但不喜欢的事情，比如读书，就需要有忍耐的智慧，强迫自己去做。

生活中大多数事情都是对生命的减损

我们的身体脏腑器官的正常运作，其目的都是让大脑正常运转。大脑是什么呢？是意识，是思想，是存在，是心灵的感受，是情感，是连接。

生活中大多数事情都是对生命的减损，很少能给生命带来意

义。读书是增加，充盈思想与智慧的是增加。判断是减损还是增加：感觉自己更身心疲惫还是更丰盈喜悦。暴饮暴食是减损，让人痛苦的爱也是减损。

噩梦的目的是提醒你，你在乎的东西都还在

很多人都不喜欢做噩梦。其实我觉得做了噩梦应该高兴才对。因为那只是一个梦，而不是现实。噩梦的目的不是为了吓你，让你害怕。它的目的是提醒你，你在乎的东西，你的生命，你爱的人，你的健康，都还在。

希望你在未来遇见更多的美好

一天在高铁站，遇到一位寻求捐款的聋哑姑娘，我让她坐在旁边，然后在纸上写了一段话："生活很辛苦，世界很广阔，希望你在未来遇见更多的美好。"

我们应该尽可能多地去帮助别人，并且在帮助时应尽量避免

使用金钱。这样会更大限度地激发你的思维和智慧而提供更丰富的帮助，它对受助者的心灵和信念的影响将会是持久和长期的，并且你可能会改变他的人生轨迹。

茫茫人海，识别有趣而孤独的人

某天在高铁站候车时，我问站在身旁的一个大哥："你是一个有趣的人吗？"对方回答："应该是吧。你是怎么看出来的呢？""我以前听陈果老师说过，在茫茫人海中，你一定一眼就能识别那个有趣而孤独的人。我也相信，我一直在看，在找。"

日复一日坚持做

碰到一本难读的书、一条难走的路，怎么办？往下读、往下走就是了。即便看不懂，走得艰辛，依然是有收获。收获了坚持的信念，收获了坚定的能力，再用它来做别的事情。

我不相信口头上的毅力和承诺，因为它们的存活时间只有几秒钟。我只相信，如果你想做一件事，就应该像小学生一样，每天记录，每天提醒自己，日复一日坚持做。

人生只有一个主角，就是自己

每个人的一生只有一个主角，就是自己。其他人包括父母、孩子、爱人、同事和朋友等都是你的配角，就连美国总统和世界首富也是你的配角，制造一些新闻来让你不无聊。所有的人都在为你的人生搭戏。

我的人生使命就是用我的生命去经历美好的事情。对于不得已碰到的不美好，立即丢掉、远离、放下。比如车被蹭了，被不公正对待了，碰到蛮横的人了，尽快翻篇不驻留。因为我只为美好驻留。

不主动熬夜

我给自己订了一个规矩：不主动熬夜。夜深不寐对很多年轻人都很有吸引力，可以享受自由与夜色，不被打扰。但若能把目光放长远，若想在40岁时，还能有30岁的体力与精力，便能更多地享受青春的美好与精彩，享受生命里的不舍。因为生命太美太美！

万事万物，顺应其规律发展

人法地，地法天，天法道，道法自然。万事万物，顺应其规律发展，包括人的心理。与人共事，要说服人，需要顺应人的心理学规律，方能让对方舒适、配合、接纳、理解。强加于人，一定比不上循循善诱；说教讲理，一定比不上包容接纳。

山有高低起伏，海有潮起潮落，月有阴晴圆缺，人有旦夕祸福，流年有不利有通达，世事有昌盛有祸乱。天地乾坤不可变，心境态度可以调整，乐观谨慎，逆时藏，顺时扬。

让自己舒服，让他人心安

我们似乎对周边的人要求太高了，服务员必须迅速，销售员必须礼貌，清洁工必须及时，柜台专员必须专业，都不给别人喘息的时间，一有不到位的地方就怒火中烧。我们似乎可以更温柔一点儿，更耐心一点儿，更谦让一点儿，让自己舒服，也让他人心安。

与人共事，无外乎三种结果：一人舒服一人不舒服，两人都不舒服，两人都舒服。第一种典型的例子就是打麻将，赢钱舒服输钱不舒服；第二种典型就是吵架；第三种典型就是帮助别人。我们应多做都舒服少做都不舒服的事，这才舒服。

我渴望成为这样的人

有这样一种人，身形修长且饱满，目光柔和而坚定，声音温柔且洪亮，双手纤长且有力，头发乌黑且轻盈，笑容和煦且让人流连忘返，思想浪漫但严谨，实在但有趣，五行相生相益，阴阳相映相照。这是一个可爱的人，这是一个特别的人，我渴望成为这样的人。

每个人都是渴望被爱的

每个人都是渴望被爱的。一味渴望别人宠溺自己，接受自己任性的脾气其实是一件不太明智的事情，因为它与爱的本质背离，它更像一种占有。真正的爱是一种不求回报的给予，一个没有理由的心疼和一个不设前提的宽容。

任何形式的占有，在占有了一段时间之后都会觉得索然无味，转而向下一段占有的痛苦旅程进发。

人成长的显著标志之一就是把注意力从自己身上挪到他人身上。小朋友会比较在意所得，为人父母后就比较在意给予了。

为自己创造一个求知的环境

以占有的心态来审视人生：得不到某物时觉得很痛苦，得到后很快便觉得无聊。

以创造的心态来审视人生：未得到之物还可以去追寻和创造，已得到的东西可以去品味和体验。

在寒冷的冬天，若在一个火盆边上烤火取暖，烤上一天，也只是局部暖和，身体始终暖和不起来；若是在暖气房里，很快就会热得脱衣服了。再好的培训都只是火炉，离开火炉很快就冷了。应该为自己创造一个求知的环境。

你的喜悦应来自内心

生命本来是什么样子的呢？首先烦恼肯定是没有现在那么多的，因为人类初期欲望没那么多。欲望是烦恼的来源。其次束缚没那么多，因为人类初期规则没那么多。经济生活的繁荣不可避免地让我们距离纯粹的灵魂越来越遥远。

生命是由两个因素混合而成的：时间和感受。这两个因素同时俱在，生命才得以饱满。大多数情况下我们只关注前者，即希望长寿，而忽略了后者。如果我们的感受趋近0，寿命趋近无穷大，你愿意过这样的人生吗？那比石头还不如。

愿你的光芒不要被生活的幕布遮蔽，愿你的喜悦不要被世俗的琐碎侵蚀，愿你的生命不要被无意识消磨。愿你到85岁的时候，你的喜悦不来自儿孙满堂或所建成的高楼大厦，而来自曾真正属于你自己的东西：内心。

第六章

CHAPTER 6

摆脱烦恼

——不怨恨自己所不了解的东西

一个永远不会被人拒绝的方法：永远不去要求，没有要求的因就没有被拒绝的果。再分享一个永远不会与别人争执的方法：多数情况下，在遇到利益冲突的时候，把利让与他人，没有利益的因就没有争执的果。要求太多只会收获拒绝，争执太多只会收获烦恼。

随心而动，不图有用

似乎从来没有什么可以阻止我去做自己想做的事情。我们做自己想做的事情时，总有人质疑你做这个有什么用。难道有利可图才叫有用？随心而动，不图有用。读一本跟自己职业不相关的书，也是有趣的体验。

世间有道，我们只能看到相；世界有爱，我们只能看到欲；世间有光，我们只能看到烟；世间有美，我们只能看到漂亮；世间有趣味，我们只能看到利益……老子教我们无为，我们却擅长妄为。我们时时处处追求有用，殊不知无用才是大道！

通过眼神来寻知己、觅知音

音乐的力量，演讲的力量，阅读的力量，沉默的力量，坚持的力量，眼神的力量，坦诚的力量，信念的力量，正直的力量，慢的力量，善的力量，爱的力量。如果你觉得生活无奈又无助，培养以上任一种力量都可以帮你成就一片天空！

眼神是可以发力的，发力的眼神很有穿透力。眼神的力量来自多年的磨炼、持续的学习和思考。没有经过这些，眼神往往是恍惚的、躲闪的。通过眼神来寻知己，去觅知音。

不嫉妒才能获得喜悦

嫉妒是本能，本能让人生存，因为人看到好的东西就想得到，以保全及强化自己的生存能力。不嫉妒是智慧，智慧让人喜悦，因为人若立于嫉妒之中必心烦气躁、心神不宁，不嫉妒才可能获得喜悦与欢喜。

也许我们不能保证这个世界因为我们而变得更好，但有一点只要稍微努力一点儿就能做到：这个世界不会因为我们而变得更坏。无论你做什么，只有一个标准，不要让自己，不要让你住的社区，不要让你周围的人，不要让你生存的环境变得更坏。怨恨、抱怨、嫉妒、偷窃、诋毁、欺诈、谩骂、污染、伤害、杀戮，只要不去做这些，我们就没有让世界变得更坏。

不生气才能真正感受到生命

印象中，我应该有好久没有生气了，我觉得这是生命的一项“极限运动”，这个体验让我看到生命中的无限美好和动人之处。渐渐地，快没有生气的能力了，我真正强烈地感受到了生命。

别怨恨，去了解

不怨恨自己所不了解的东西，因为这种怨恨实在狭隘得没有道理，就像一个不太熟悉你的人说他讨厌你一样，很荒谬。对于自己的国家也一样，很多人根本不了解自己国家的历史、文化，就盲目狭隘地怨恨它。别怨恨，去了解。怨恨容易，爱不容易。

清净与喜悦

一个人，想获得一颗执着于名利与富贵的心是最简单的，他其实不用刻意去做什么，自动就会成为那样的人。反之，一个人若想获得一颗不执着于名利富贵的心倒是很困难，需要不断克制修炼自己。那一颗不执着于名利的心有什么好处呢？清净与喜悦。

真正值得同情的人是思想贫瘠的人，而非物质贫困的人。因为物质贫困的人尚且可能拥有快乐，而思想贫瘠的人是很难获得快乐的。思想贫瘠和财富、地位、头衔、学历并没有矛盾，没有一个身份是思想贫瘠的免疫者。贫瘠的思想犹如贫瘠的土地一般令人遗憾。

一颗求知若渴的心

世界有四大未解谜题：1.宇宙的起源；2.生命的起源；3.意识的起源；4.如何让人喜欢自己已经有的东西。

第四个是我自己加上去的。我们目光所能及之处有一个表面上的世界，在目光所不能及之处是一个本质的世界。想看到本质的世界不能靠眼睛，要靠求知若渴的心。

没有爱的人，本身就很辛苦

车被贴了罚单，不要怨恨。无论警察叔叔贴得有多快，都是因为我们没有按照规则停车，所以罚单不能成为我们宣泄的借口。之所以宣泄无非是因为我们的利益受影响了。我们一边利用社会规则带来的方便，一边责备它让我们蒙受损失。

我们能给予别人更多爱，是因为我们有爱，我们无法给别人我们没有的东西，我们给得越多，就说明我们拥有得越多。在茫茫人海中，不要去怨恨那些不能给予别人爱的人，因为没有爱的人，本身就很辛苦。

欲速则不达

有一位朋友询问我看书有没有诀窍，因为我有时三四天就会看完一本书。看书一定是有诀窍的，我的诀窍就是：每天至少看两个小时。早上6点看一个小时，晚上再用零碎时间看一个小时。这样一天至少可以看40页，再厚的书，哪里有看不完的道理？最慢的路就是最快的路，但世人都图快，往往欲速则不达。

在茫茫人海中听到洞彻心灵智慧的话

这张截图是一个大哥发给我的，不过今天看到依然震撼回味。与大哥是出差时在饭店认识的。大哥当时坐在邻桌吃饭，跟朋友表达自己的哲学思考。临走时我走过去对大哥说：“在茫茫人海中凑巧听到如此洞彻心灵智慧的话，极其感动。”与大哥就此相识。

美国华盛顿邮报评选出的“十大奢侈品”，竟无一与物质有关

1. 生命的觉悟
2. 安稳而平和的睡眠
3. 彼此深爱的灵魂伴侣
4. 回归自然，有与大自然连接的能力
5. 走遍天下的气魄
6. 任何时候都有真正懂你的人
7. 身体健康，内心富有
8. 享受真正属于自己的空间和时间
9. 能感染并点燃他人的希望
10. 一颗自由、喜悦与充满爱的心

找到世间能与你灵魂契合的人

你见过没有烦恼的人吗？没有。你见过实现财务自由的人吗？有。看起来实现财务自由和烦恼没有直接的关联。同样，子孙满堂、名扬天下、貌美如花也和烦恼没有直接的关联。快乐与烦恼根本不取决于身外的拥有与所得。它们来自温柔富足的心。

就人的样貌而言，最痛苦的不是不美，而是没有人欣赏，只有被欣赏的美才是动人的。就像一个人若快乐，但那份快乐如果没有人能去分享，那这样的快乐是缺少灵魂的。无论你是谁，你都要找到这世间能与你灵魂契合的人。

伴侣之间的状态要一致

找伴侣，应该找爱自己的，还是自己爱的？其实这两种都不免苦涩。找爱你的人，你是会被呵护，但最终你会活得像一个被打理得很好的物件，没有温度。找你爱却不爱你的人，不断付出却得不到回应，时间久了就会有深深的无奈和挫败感。

珍惜当下

如果有一台时光机器，孩子们通常愿乘它去未来，大人们往往愿意乘它回到过去。过去，对于一个成年人来讲是充满魅力的。那里有条件简陋而回忆富饶的童年，磁带机播放的那个年代流行歌曲，夏夜没有空调在外乘凉的人们，课堂外的蝉鸣声，临近开学的烦恼，都好美。

劝君惜取今朝少年时，明朝有酒难买今朝醉。不要想着等将来有钱了再去做自己喜欢的事情，钱有了，青春却不在了。等你到了75岁时，你会后悔，为什么当年25岁的时候不在舞池里多跳5分钟，今天想跳双腿却已经支撑不住身体了。

人有很大一部分动机是希望被欣赏

在声色感官方面，大众对美的认知还是很统一的，如音乐的美、设计的美。讲到人的美，人们的认识就偏差很大了。人有很大一部分动机是希望被欣赏，讲到欣赏，仅有装饰艳丽的外貌是远不能及的，唯有充满魅力的人格与心灵不可替代。

花儿有雨露和阳光的滋养，生长得饱满、鲜艳，充满生命力。我们的灵魂用什么来滋养呢？如果我们没有任何东西来滋养灵魂，让它每天穿梭的总是生活的琐碎、无聊与争吵，那我们如何能活得饱满、丰满和充满生命力？能滋养灵魂的东西：音乐、笑声、感动、鼓舞、热爱……

勇于“认错”

在所有行为守则里，可能再没哪个比“认错”这个行为的成本更低、收益更大的了。如果真诚认错，把过错都揽过来，给人谦逊、有担当的印象，同时让人心安和怀有感激之心，将来一定会有帮助！

我们从没有见过一个没犯过错的人，却见过不承认错误的人；我们从没有见过一个没有缺点的人，却见过自称完美的人。自信、勇敢与坚强常见，谦逊、谨慎与低头不常见。前者是大勇，后者是大智。

切莫被他人的评判影响

你可能身材矮小，你可能脸上有疤痕，你可能说话结巴，你可能家境贫困，你可能肤色黑，你可能学历低，你可能囊中羞涩……我们常常会掩饰某些自己以为的“缺点”，想要看起来“正常”一些。相信你能感受到那种让人不安的评判。

生活工作中，一定有很多人会忍不住给你提建议并带有些许评判，“你这个不行”“你这样的做法不对”“你做的不及格”等。切莫被他人的评判影响。“是非审之于己，毁誉听之于人，得失安之于数。”

拥有一颗倔强向阳的心

在这世上，我们基于分工不同，各司其职，上到位高权重者，下至平民百姓，无贵贱高低，这是平等。

在这世上，没有人能因物质的富有而随意支配别人的自由与生命，也没有人因物质的匮乏而被夺去尊严和生命，这是自由。

如果觉得社会不公、人情冷漠，请注意，我们所处的时代是人类文明迄今为止比较公正、平等和正义的时代。历史上无数在黑暗绝望的时代依旧活出乐观与热爱生命状态的人向我们证明，环境不是决定性的，最重要的是那颗倔强、向阳的心！

哲学之于人类

如果死亡是可以避免的，那么死亡给人带来的恐惧将是现在的一万倍。

哲学之于人类，犹如相思之于情爱，死亡之于生命……没有前者的注入，后者将无任何美感和意义可言。对于人生中的大多数问题，你随口说出的答案是经过深思熟虑的结果，还是仅仅来自感觉？比如什么能让你快乐？不少人会说如果财务自由就一定快乐了，是真的吗？生活中那些身家上亿的企业家真的都没有烦恼吗？恐怕不是吧？

读书是不需要天赋的

有人会抱怨自己生活辛苦是因为命不好，因为他觉得自己头脑一般、长相一般、学历一般、人脉一般。但在我看来，每天读20页书是不需要天赋的，每天6点早起是不需要天赋的，锻炼身体保持体形是不需要天赋的。

在多数情况下，你是无法占有所有好处的，总得要有所取舍。你占了睡懒觉片刻舒适的好处就丢了早起读书的好处，你占了大吃大喝满足口欲的好处就丢了身材苗条的好处，你占了不学习而得到消遣的好处就丢了通过学习获得智慧的好处，很公平。

善良诚实的品质尤为珍贵

父母无不希望子女考上重点大学，但学子众多，名牌甚少。父母向往名校，其潜意识里的想法是什么呢？应该是将来子女可以获得好的工作和生活条件。换个角度，如果从小重点培养孩子善良和诚实的品质，长大后同样会有很好的发展。

对于学生，老师与家长必须遵循这样的原则：是为了教育幼者，以助其改善之心，而非丝毫出于家长或老师的解恨之心。旁人无法明察，只有你的心可以知晓。有个很好的办法，提前定好标准和规矩，可以防止家长和老师越界。

首先尊重自己

一次接到一个车险电话，简单交流了一下，发现对方那边很嘈杂，都是他同事讲电话的声音。于是对他讲："你那头有很多讲电话的嘈杂声，这样的对话环境会很影响你的销售结果。建议你到外面，让你同事给你打一个，你听听试试，再给你们老板建议一下。"

又一次接到一个营销电话，她开头讲完后我说："我姓陈，请问你怎么称呼？"她又讲了一遍开场语。我又跟她讲我姓陈，并询问如何称呼她。于是她满怀怨气地挂了电话。我们在世界上每时每刻都在扮演自己的角色，如果自己不尊重自己，那别人又怎么会尊重你呢？

人间一切的用心都值得

从机场取完行李快走出来的时候，看见核验行李的人要一直弯腰核对行李把手上的信息。到我的时候，我把行李一把拎起来摆在她目光略齐平的位置，以便她不用弯腰就可以核对。那一瞬间她脸上绽放出的惊讶和欣喜让我觉得，人间一切的用心都值得。

使自己内心变强大

哪里有禁忌哪里就有软弱。禁忌越多，软弱便也越多，很多东西不能谈不能说，是因为心中的软弱一直在，放不下。等有一天内心强大了，那种软弱也就不在了，不能谈的也能谈了，如儿时的经历，如身材长相，如家境贫富，等等。不要去恨一个人，因为恨也是一种很重的情感，应该让自己学会放下，学会坦然，学会不再对那个人的话题禁忌，不要在一个你不爱的人和事上投注很重的情感。

减少消耗

生活中有些事情，看起来是方便与利益，但其实是对生命的减损与消耗。而这些消耗往往是最不易觉察的，比如对精力的消耗，对健康的消耗，对感情的消耗。我们的消费应当有两个原则：一是不用今天的钱为未来买单；二是为需要买单不为优惠买单。

我不做的事情：

1.不吃外卖；

2.买一送一的东西不买；

3.两件以上打折的东西不买；

4.不参加商家积分换东西或抵优惠的活动；

5.不参加扫码领礼品的活动；

6.不参加充1000送200之类的活动；

7.不充钱会员卡，只即时消费；

8.吃饱后没吃完的饭菜不会吃；

9.不因为人情世故而喝酒；

10.不为利益而出卖灵魂。

第七章

CHAPTER 7

读什么书

——读什么书，你就成为什么样的人

读什么么书，你就会收获什么：

读哲学，你会更了解自己；

读医学，你会更了解健康；

读科学，你会更了解世界；

读励志，你会更了解坚持；

读心理学，你会更了解人；

读散文，你会更了解美；

读诗歌，你会更了解爱；

……

成就伟大的人格

世间有这样的“规律”：

知识很多，智慧很少；

情爱很多，爱情很少；

培训很多，教育很少；

赡养很多，孝顺很少；

朋友很多，知己很少；

生育很多，养育很少；

求学很多，求道很少。

左边是目前社会上人们热衷追求的，但我想右边的精神追求才是灵魂最终的归宿。我并不是反对商业，只是希望商业能更有情怀。

读什么书，你就会收获什么

读什么书，你就会收获什么：

读哲学，你会更了解自己；

读医学，你会更了解健康；

读科学，你会更了解世界；

读励志，你会更了解坚持；

读心理学，你会更了解人；

读散文，你会更了解美；

读诗歌，你会更了解爱；

……

幸福的生活需要智慧

美德是一种智慧，幸福的生活是需要智慧作为基础的。美德中的善良、正直、谦逊、公正，无论在盛世或乱世中都可以保全并保护自己。在生活中，当我们与缺乏美德的人同行时，不要去责备他，因为缺乏智慧的生命是困苦的，岂能再加以责备？应该同情和怜悯。

在疫情面前，人要做两件事：一是保护生命；二是维持生存。如果二者都得以保护，那么疫情就不会对你构成损伤。那维持生存呢？ 学习、阅读，让自己有竞争力。隔离在家如果就只是消耗光阴，其他什么也没做，那后续的经济影响将会是二次灾难。

选择一件事，把它做到极致

一次只做一件事，也只有一件事是最重要的，按照这个原则去做事，可操作性极强。在符合科学定理的前提下，像阿甘一样做事情，我们几乎可以做成想做的任何事情。

永远不去尝试把所有事都做好，而是只选择一件事，把它做到极致。因为人们往往只会记得任何领域的第一名，让人们一提到某件事，头脑中第一个出现的就是你，那效果就达到了。你让别人记住的第一是什么？

人的身体与心灵的需求多样

最好的厨艺应该是让食客有饥饿感，把一件在当下不需要的东西硬塞给别人是一件不明智的做法。同样的道理，如果我们是销售人员，在客户没有需求或是客户还没有饥饿感的情况下，再好的商品也是没有吸引力的，所以先明确他的需求，让他有饥饿感。

世上之所以有那么多的职业是因为人有很多很多种需求，每一种职业都是在直接地或间接地满足人的需求。美甲师、快递员、外卖小哥、教练、汽车销售、保险顾问等。由万千的职业可以看出，人的身体与心灵的需求是如此多样。

人类与生俱来的为他者的怜悯心是美德

如何帮助人们获得美德？如果强调美德能让人发展顺利、提升人际，还是不免又落到私欲上。美德，比如不随处乱丢垃圾，会减少清洁工人的辛劳；又如不闯红灯，是尊重等候绿灯者的时间。美德该是强调为他者，人类与生俱来的为他者的怜悯心才是美德，区别于私欲。

一个人修炼自己的品格可以从这两个重要的方面做起：一是在别人面前所做的和自己独自一人时所做的是否能一致；二是对熟人所做的和对陌生人所做的是否能一致。如果你不能做到一致，那么你在追求的就不是人格的完善，而是利益。很多人对待自己的客户时笑脸相迎、嘘寒问暖，自己是别人客户时则傲慢无礼；有求于别人时轻声细语，别人有求于自己时爱搭不理，不酷也不帅！

每一件工作，只去做那件最重要的事

一个猎人如果同时去抓两只兔子，最大的可能是他一只也抓不到。一个人想同时做好两件事，很大的可能是每件事都结果平平。伤其十指不如断其一指，我们应拥有这样一个原则：每一件工作，只去做那件最重要的事，所到之处，如手起刀落，如疾风，如闪电。

乐观与悲观是是否智慧的表现

这个世界有两样东西是有人信有人不信的：

一个是奇迹，一个是秘密。

世界上秘密一定是有的，那些热情、积极、阳光的人就是窥探到了世界的秘密。仅举一个例子就可以说明：一个人是积极乐观的，另一个人是消极悲观的。在内心做个选择，你喜欢跟哪个人相处？应该是前者吧。那么再思考一个问题，你愿意被别人喜欢吗？想吸引人，没有什么比阳光与积极更简单有效的了。所以这么看来，乐观与悲观不是一种性格差异，而是是否智慧的表现。

大脑里的两棵树

在我们的大脑里有两棵树，一棵树叫快乐，一棵树叫烦恼。哪棵树会长得更茂盛呢？我们常浇水的那棵！生命是一张白纸，我们自己就是在这张白纸上作画的人，你可以任意发挥想象力，涂鸦属于你的一生。

令人遗憾的是，好运气总不能一直拥有；值得庆幸的是，坏运气也没法总属于你。令人遗憾的是，快乐总不能永恒；值得庆幸的是，痛苦也不能永恒。令人遗憾的是，我们都只有短暂的一生；值得庆幸的是，它有3万多个日日夜夜……

与众不同是种能力

做世间之事，大多遵循两种方法：

大多数人习惯的方法；

与众不同的方法。

像我们每天接到的无数个电话营销一样，每个打电话的人都千篇一律，无法让我们记得，世界上能让我们记得的一定是少数人。一件事与众不同，则件件事与众不同，与众不同是种能力。

如果你要求职，你要卖东西，你要做广告，你要演讲，你要去相亲，你想要脱颖而出，你得有与众不同、迅速抓住人们的心智。因为人们每天要接受的信息太多了，没有精力注意到你的千篇一律和平庸碌碌。

自身的修养

我们被别人侮辱、诋毁的时候，有时会考虑还击，甚至以牙还牙。可是，别人如此地对待我们是基于他们的品格、修养、学识。而在这些方面我们跟他们是不一样的，我们的修养不允许我们用同样的方式对待别人。

人类只会对自己花心思获得的东西珍惜

人类心理学规律中，有很多反直觉的方面，比如对于免费的东西毫不珍惜。在销售业务中，很多销售人员希望通过免费来打开客户的心门，而实际情况是客户如草芥一样对待被提供的免费服务和产品。人类只会对自己花心思获得的东西珍惜。所以想办法让客户付出一点什么，可以是时间，可以是运费，也可以是感谢信，甚至是微信朋友圈。

“妥协”是一种智慧

积极、友善、努力尝试与其说是心态，我觉得不如称之为智慧更贴切一些。后悔与消极除了能给我们带来心情上糟糕的体验和健康上的危害之外，不能给我们带来任何好处。人们常常忽略一个事实，就是那些优秀的品质是能够带来实际回报的，如生意、升职、异性的青睐等。

“妥协”是一种能力，也是一种智慧。有些人会认为自己眼里揉不得沙子，必须抗争坚持到底，往往要付出巨大的经济成本和精神成本。也许他会说咽不下那口气，要我说，能咽下你咽不下的气才是人间的大智大勇！

在个人的心里，自己才是重要的

在每一个人的心里，只有自己才是重要的。只有顺应这个心理学和人性的规律，在与人相处和共事时，才能打开别人的心门，让对方自发、乐意地与你交谈与分享。一个销售人员，在进入客户的门之后，就应该把自己的产品有多好彻底忘掉，因为客户也一定会更关心自己，不关心你的产品有多好。怎样才能把你的产品的好与让客户感觉被关心联系起来呢？答案就是告诉客户你的产品能满足客户哪方面的需求。关心客户的需求！

中年之后能够管理好自己肚子尺寸的人，一定非常自律。很少有职业会介意你的肚子有多大，若在没有外力要求的情况下你还能控制自己肚子的尺寸，说明你真的觉醒到身体是生命中最重要的一个物件。

珍贵、有价值的东西能成为传家宝

什么样的东西能成为传家宝呢？定当是珍贵而有价值的。如果是能传个几千年都不被遗弃，那足以证明它的价值。其实每个人都可以轻易获得这个传了几千年的传家宝，就是像《论语》

《道德经》《庄子》一类的书。世界从不缺好东西，只缺能看到好东西的眼睛。

高产不一定是好事！就像热带的水稻一样，一年能产三季，但土地的营养恢复其实跟不上，所以口感和品质可能就差一点儿。推荐看古书，那都是一两千年的历史沉淀下来的“传家宝”。

“为我”是几乎一切烦恼的来源

人际关系中最大的障碍就是“我”，“为我”是每个人的天性，如果所有人都抱有一颗“为我”的心态，世界上的各个角落便都是纷争。并且“为我”还是几乎一切烦恼的来源，所以释迦牟尼2500多年前说出了让人震撼的无我相。

把注意力更多地放在每天的收获上

钱财是有限且有价的，书中的智慧是无限且无价的。送书就远远不只是送黄金屋和颜如玉了，如果某位朋友因为你赠的书的启示影响而改变了一生，那么你对他的意义就完全不一样了。

在做一件事时，如果你一直把注意力放在做那些事情的困难上，你会觉得举步维艰。相反，如果你把注意力更多地放在每天的收获上，放在未来美好的模样上，你会觉得充满热情与力量。

过不好今天就过不好一生

我们不必为明天感到忧虑，明天还会有明天的忧虑，为一件还没到眼前的事情哀哀戚戚是不明智的，因为它将引领你用这样一种方式生活：每一个实实在在的今天都会为每一个未发生的明天忧虑，而生命是由3万个今天组成的，过不好今天的人就过不好一生。

读书使人饱满

大多数人把书当补品，我把书当食物、水与空气。补品的特点是：用来强身健体的，有条件就吃；不吃也没大关系。如果是食物、水和空气，就不是可要可不要的了，是必须要，因为没有这些“人”是活不下去的。

职场人士读书避免只读商业类的书，因为它在增长你商业才能的同时也不可避免地激发你更多的欲望，欲望于商业有益，对生命不一定有益。也应当看一看哲学、诗歌、医学、美学、散文、宗教、心理、科学、历史等，我们的目标是人的饱满。

很多书帮助人们处理生活中的各种挑战

人们觉得钱财是必需品，而读书是锦上添花的事情，有更好，没有也没关系。我觉得可能反了，书才应该是必需品，钱财才是锦上添花。有人会说饭都吃不上了还谈什么读书，这是把欲望和需要混淆了，在一二线城市，你恐怕很难在周围找到没有饭吃的人。如果你真是一个会努力上进的人，在这个社会吃不饱饭才是难事呢，而灵魂的饥荒倒是随处可见。

生活不是一件特别轻松容易的事情，世界上有很多书用来帮助人们处理生活中遇到的各种挑战：工作的，教育的，情感的，人际的，等等。一个人得有多大的智慧才能在不吸取前人智慧的前提下处理好生活中所有的问题？

人的天性会关注稀有的东西

在100个用英文推销的人里，你讲得最流利；在100个电话营销里，你的方式最稀有；在100个跟客户沟通的供应商里，你最懂得关心客户的需求；在所有的人里，你最有趣。人们会关注稀有的东西，这是天性。

生命的本质是意识

我们真正的生命是什么呢？深入分析下来，应该不是我们身体维持的这个系统，应该是人的意识。试想一下，一个人记忆没有了，智力没有了，他的思想、经验、乐趣也都不复存在了，他甚至意识不到自己已经体验不到生命了。所以生命的本质是意识。

我们能拥有这个世界吗？不能。我们只能使用和体验这个世界，包括土地、树木、能源、山川、河流等。如果我们意识到不能拥有，只能体验和使用，就不会一味地埋着头积累，去赚更多买更多，而是尽可能地体验。体验青山，但青山不必是我的山。

努力做一个有趣的灵魂

与众不同是被记住的原因，被记住是被关注的原因，被关注几乎是一切机会降临的原因。所以与众不同是一件很聪明的事情。你记得我吗？如果记得，猜猜是什么原因呢？可能是与众不同。努力做一个有趣的灵魂，因为当今人人都忙于拥有，忘了与众不同的有趣。

做才能给你和世界带来变化影响

这个小故事发人深省。一个平静的湖面，我们怎样能让它下一秒变得不一样呢？扔一颗石子！这个平静的湖面就是你的生命，只有对它干预一下，它才会发生变化。只有做才能给你和这个世界带来变化和影响，做的意义远远超过你所在做的事情本身，它还会包括做时对人、事、物的影响，那个影响是不可预见的，也隐藏着你将来的机会与命运。

练习和坚持，可以改变人生

让灵魂更美比让外表更漂亮要难得多。装饰外表需要对面容化妆，修饰、发型、衣服、饰品。装饰灵魂与心灵需要花大量的时间来阅读，走更多的路，做更多的思考，没几年坚持恐怕是不行。

我们中的大多数人都没有万里挑一的外表、歌喉、智商、身材、天赋。但我们仍可以靠坚持成就一个与众不同的自己。去坚持做一件事，至死方休。

莫扎特、米开朗琪罗等那些我们认为很有天分的人，其实从很小的时候就有大量的专业的练习。匈牙利有个心理学家就用类似的原理把三个女儿都培养成世界顶级国际象棋大师。练习与坚持，真的可以改变人生。

每个人看到的世界是不一样的

乐观者与悲观者眼里的世界是不一样的；

善良者与凶恶者眼里的世界是不一样的；

快乐者和悲伤者眼里的世界是不一样的。

可是，

世界只有一个，

而人们看到的世界却是不一样的，

这就怪了……

遇到问题，主动思考怎样才能把结果变好

有一个摆在眼前再明显不过的且很容易被人忽略的事实：没有任何一个人喜欢一直听别人抱怨。人们就像蜜蜂喜欢盛开的鲜艳且芳香的花一样，喜欢乐观、阳光、积极、热情、正面的人。基于这一既定事实，想想我们自己在他人面前抱怨是多么不聪明。

在遇到不顺心的事情时多数人会有两种反应：一是愤怒，二是抱怨。请记住，这恰巧是让人变笨的两种情绪，并且对于解决眼前的不顺心没有任何帮助。明智的做法是，接纳它，然后思考怎样才能把结果变好。这效果就不同了。

生命是用来感受的

往往那些令人恍然大悟和震撼的句子是那么简单和回归人性，匆匆忙忙的社会，人们匆匆忙忙地争夺彼此的利益，可利益到手之后你还想要什么呢？是更多的利益还是同情与爱？我想，后者才是每一个心灵最本真、最根本的归宿。让我们再次回味一下：同情与爱！

生命是用来感受的，不是用来理解和分析的。理解和分析只是智力要做的事，但是智力只是人的意识中很小的一部分。比如，我们感受阳光的美好，感受路边的花，感受爱的璀璨，这些用的都不是智力，而是生命的感受力，是理性分析无法达到的。

注意说话的语气

以抱怨语气开始说话带来的伤害是巨大的。人在听别人说话时，第一时间感受到的是情绪，讲话时带有厌恶的脸色和抱怨的情绪会第一时间被听者吸收和融入身体。如果想表达爱，应该是鼓舞、接纳、包容、体贴和理解。

如果别人先犯错了，情绪上我们不能接纳，这是别人的问题还是自己的问题呢？这可能是我们自己的问题，我们没有梳理自己情绪的能力。我们的快乐掌控在别人手里，那势必很辛苦、很难。别人不会对我们的快乐负责，只能是我们自己。

第八章

CHAPTER 8

关系火炉

——和火炉保持适当的距离，才会温暖

人与人之间的关系就像火炉，离得太远了就会寒冷，靠得太近了就会烫伤。太想靠近一个人，反而会把人推得很远。有人曾讲过，同一屋檐下，没有美的人。人性的这个规律谱写了世间诸多的故事。给你的火炉适当的距离，才会温暖。

做真实的自己

现今有各种圈子和社交关系，因为人们热衷人脉，潜意识里要借助人脉关系来加速自己的职业和事业的发展。实际上与其攀附结交各种人脉，不如踏踏实实地去学习一些更有用的智慧与知识。人们口口声声说要活出自己，实则深陷在人脉的泥潭里。因为你的人脉越多，你的所言所行就越得迎合人脉，你就越是身不由己。长此以往，还谈何活出自己？

一个活在人脉里的人，往往是赢得了人脉，失去了自我，做勉强的事，说言不由衷的话。

关于感性与理性

做生意的时候，谈恋爱的时候，如果两个人没有联结，如果你没有真正地待在对方心里，真的以为你的1000页比枕头还厚的项目书或3套房会让人心动吗？人是感性的，大脑中的“杏仁核”可是比前额叶发育要早得多。做事不按人性的规律，不如不做！

关于理性与感性，何时该理性，何时该感性？逆境时理性：

需要冷静思考局势，作出有利决策；顺境时感性：面对阳光明媚、春光灿烂时，恨不得用两行泪狠狠地唱一首生命的赞歌。

坚持的信念

我们需要两个东西去完成一件“艰难”的事情：一个是榜样的力量，你一定曾经听过一些榜样跨过鸿沟的故事，如爱迪生、林肯，他们给予你坚持的勇气；另一个是信念，坚信每一件事最后的结果都是好的，如果你得到的结果不是好的，那就说明还没到最后！

人应该是先有信念再开始坚持一件事，还是先坚持一件事然后才有了坚持的信念呢？我倾向于相信后者。先开始做一件容易坚持下来的事情，坚持的能力就像锻炼肌肉一样，每天重复就会强化肌肉，时间长了就锻炼出了强大的信念，可以做很多的事情。

坚持自己的原则和信仰

如何快速获得他人的信任呢？从道的角度来讲，十年磨一剑，坚持自己的原则和信仰，在终其一生的旅途中，自然会获得他人的信任。有时会快速与人建立关系，比如销售与客户。从术的角度去讲，只需主动说几个自己的缺点，那一瞬间，示弱消除了防备，化作信任。

以天下之至诚胜天下之至伪，以天下之至拙胜天下之至巧，至谦卑才是至勇敢，至柔弱便会至刚强。

伴侣感情关系

男子与女子的关系有三方面：性、爱情、婚姻。性是快乐追求，爱情是精神追求，婚姻是现实追求。关于爱情有一个无奈的事实：它的生命周期很短，所以它只能作为婚姻的原因，绝不能是婚姻的寄托；婚姻不能靠爱情维系，靠的是现实。

在伴侣感情关系中，付出是基于那时的感情深度产生的想法，后悔是基于这时和感情深度产生的想法。这时的感情强度可能随着时间的拉长与相处的消磨减损了很多，因为感情变弱了，不爱了，所以误以为当初也不该爱、不该付出，这是感情变化的误判。

聊天多是“意识”而非“物质”

如果人们之间讨论的话题多是“意识”（如情感、关系、信仰、知识、音乐、艺术等），而非“物质”（如财富、职位、房产、经济活动等），说明彼此间关系更快乐，有幸福感和惬意感。现在来问问自己，我们跟朋友和家人聊天时的话题是意识更多还是物质更多呢？

从内心深处善待别人

在我们的脑海中，下意识会觉得智慧是一件很深奥的东西，可能只有那些大学问家、大思想家才能参透和懂得。仔细研究下来，越是那些经典典籍描写的道理越简单通俗：善良、仁爱、谦逊、换位思考、化繁为简、至诚至真……

让他人舒服有两种途径：

一是情商；

二是根植于心的善良。

情商更像是某种交易，让别人舒服了，别人就能让我舒服。能做到就做到，做不到也别勉强，以交换为基础的友谊就像加了香精的食品，即使有香味也是人工的。你可以发挥你的善良，从内心深处想要善待别人，这样的香味才是来自内心深处的天然。

给你的火炉适当的距离，才会温暖

人与人之间的关系就像火炉，离得太远了就会寒冷，靠得太近了就会烫伤。太想靠近一个人，反而会把人推得很远。有人曾讲过，同一屋檐下，没有美的人。人性的这个规律谱写了世间诸多的故事。给你的火炉适当的距离，才会温暖。

选择自己正在做的，保持现有的状态

有时我们难免会自卑：没有别人长得漂亮，别人比我年轻却早已开了公司赚了很多钱，没有别人聪明伶俐……这些都是身外之物，即便我们拿到一手“烂牌”，我们依旧可以选择善良，选择充满爱，选择正直，这才是人世间更稀有更珍贵且更有力量的拥有。

人们常会说：我没有选择。其实说没有选择也是一种选择，选择自己正在做的，选择保持现有的状态。这世界从没有任何一个人能完全剥夺另外一个人选择的权利。在大雨中你可以选择奔跑，在失意中你可以选择学习。

爱的恒久并非本能

自由恋爱结婚的离婚率不一定低于相亲结婚，这似乎与直觉是相违背的。因为爱的恒久性并非本能，而人被情欲的吸引却是本能，这是本能之间的较量，而非因为婚前有怎样的浪漫故事。所以幸福的婚姻必不可缺的元素是：忍让、意志、耐心、健忘、接受等。

男性能拯救自己的不是刚强，而是温柔。

生命的目的是快乐

因工作性质有些人出差多，出行前他一定是已经定好目的地，然后根据目的地制定行程，安排时间，最终得以顺利地完成工作。假如生命是一次差旅，我们想要去的地方是哪里呢？假如没有目的地的指引，你很难成行，或者处于飘浮状态。生命当然有目的，生命的目的是快乐！

跟30年前相比，现在家家的财务和生活状态都很富裕。30年前的家庭，空调、彩电、冰箱不常见，更别说汽车、电脑、精装修公寓了。今天的人比30年前几十倍甚至上百倍地富有，但是，他们比以前快乐哪怕两倍吗？恐怕没有吧？可能甚至更不快乐。由此可见快乐跟钱的关系可能不是很大。

坚持是一种智慧

生活中真希望跟一些比较优秀的人聊一聊，有时听了他们的一两句话深受启发，醍醐灌顶、豁然开朗。可任凭一个人多有智慧，他都无法与历史总和中整个人类群体的智慧相比较。怎样才能跟老子、释迦牟尼、牛顿、爱因斯坦、苏格拉底聊聊呢？去看他们的书。

坚持是一种智慧，而非毅力。人们往往会说自己没有毅力，一件事情很难坚持下去。其实根本不是这样，如果让他坚持每天看书10页，每天看完给他1万元钱，保证能坚持500天甚至还要多。这是他能直接看到好处，而大多数坚持需要有智慧才能看到长期的好处。

幸福不是得到，而是正在去的路上

不要去追求幸福，当不幸消失的时候，就自然而然幸福了；不要去追求光明，当黑暗消失的时候，就自然而然光明了；不要去追求智慧，当愚蠢消失的时候，就自然而然智慧了。那它们如何才能消失呢？去观察它，不带评判地观察，只需要观察。幸福、光明、智慧不是你能求得的，是放空后自然出现的。你的内心满是欲望是装不下新东西的。修炼一颗空空如也的心。

大喜大悲都是苦。“飘风不终朝，骤雨不终日”，所以没有什么样的大喜能恒久不变，大喜的苦在于那个不能持久的落差，在于那个终将失去的无奈。就如佛学里的“诸漏皆苦”，一切情绪皆苦。凡事勿求满、求极、求全，最幸福不是得到，而是正在去的路上。

珍惜我们活过的每一个瞬间

假如我们说遗产不是财富，那思考一下遗产还可能是什么呢，是荣誉？是血统？对于在这宇宙角落里生活着的每一个人而言，我们在这世上唯一的遗产可能就是我们曾经活过的每一个瞬间。

去做你想做而不敢做的事

生命中有两样最难控制的东西：一是控制自己的情绪，二是控制这个世界。世界上的事物，天气、股市、过去和未来……这些你都无法掌控，但是如果你能控制自己的情绪，你就控制了你的世界。你可以怨恨四季，也可以爱上春的百花秋的月，夏的凉风冬的雪……

我们是多么愚蠢，为了将来的富贵，为了将来的幸福，为了将来的舒适，而让今天承担了多少不必要的烦恼与怨恨。你要知道“将来”有可能不来，但今天的苦痛却是那么真实。把每天当成你的最后一天，去做你想做而不敢做的事。

没有不幸就是幸福

关于家庭是不是幸福：公园里看到的都是幸福，家庭聚会上看到的都是幸福，微信朋友圈里都是幸福。不幸福时刻往往在每个人心里，外人看不到。所以给我们一种错觉，就是别人家都是幸福的，只有自己家经常是琐碎与争吵。其实人与人是相似的，幸福与不幸福不会差太多。其实别人看你家，也是幸福的。

什么是幸福？没有不幸就是幸福。第一，自己与至亲的离世都是因为年老衰弱；第二，财务上没有大的损失；第三，名声上没有跌落；第四，情感上没有大的弃离。如果一个人的一生都能做到这些，大概就是一个很幸福的人了，避免不幸剩下的就是幸福。

惬意的伴侣关系是相似相融

婚姻既包含快乐，也包含痛苦。如果只看到它的一面而忽视另一面，必定是片面的且不明智的。如果人们从未探究过婚姻的本质便对其向往或是逃避，看起来也是非理性的，而这种非理性不幸地落在大多数人的肩上。

伴侣关系的互补原则是值得怀疑的。有人说伴侣一方爱动一方爱静，一个人外向一个人内向可以互补，这恐怕是值得重新审视的。伴侣关系不是凑人打麻将要补缺。伴侣的相处快乐之源是要灵魂共鸣、志趣相投、品性相似，否则难以得到幸福。寻找惬意的伴侣关系，建议尽可能地相似相融，而不是追求互补。

爱比责任动人

关于父母，父母的恩情是不用报答的，那是父母这一辈子最浓烈的爱的表达。作为子女，应该有的是用一生去爱父母的决心，那种从内心深处发出的人性最强烈的爱的光芒。如果讲报答，难免会有交换之意。应该唤醒人们爱的意识，而非赡养父母的责任。爱比责任动人。

去好好爱自己短暂易逝的一生吧

手边的事情比远方的事情重要，

当下的事情比将来的事情重要，

快乐的事情比伟大的事情重要，

生前的事情比死后的事情重要，

不憾此生的事情比流芳百世的事情重要，

心上人的事情比眼中钉的事情重要。

烟花易冷，青春易逝，时光荏苒，刹那芳华，时不我待，沧海桑田，未觉时光浅，少年已头白。世人啊，去好好爱自己短暂易逝的一生吧。

婚姻里每多一点儿美都是自己创造的

很多人在结婚多年后对婚姻感到失望，出现这样的情况可能是我们对婚姻的前提假设是有问题的。几乎所有婚姻都被假设是美好的、浪漫的，婚后往往被一些琐碎与矛盾敲打着，然后是失望。但若假设婚姻本身是不美的，婚姻里每多一点儿美都是你们创造的。这样你就会开始关注美好的方面，而非那些不美好的方面。

我们在朋友圈里看到别人家的孩子都挺棒的，运动、奖状、做家务等；看到别人家的夫妻关系都挺好的，送花、红包、接下班等。总感觉别人家都那么好，自己家那么差。其实每家都差不多，只是人一般都会把片刻闪光的显露出来，不好的、不光彩的也不会晒出来。万事万物若只有好的方面，那是不符合事情本质规律的！

理智面对问题

如果通过心平气和的沟通很难解决的问题，通过生气争吵是更不可能解决的。因为心平气和时对方尚且还会听听你说什么，你发火时说的话是没人愿意听的。生气，只是拿别人的错误惩罚自己。

从内心深处发出的力量才是巨大的

想让他人做一件事，强迫人不如请求人，请求人不如引诱人，任何事从内心深处发出的力量才是巨大的，被心灵驱使的力量远大于环境或压力。如果你的人际关系一直不理想，看看是用了要求、命令还是循循善诱。

大部分欲望对你想要的快乐人生没有贡献

为什么要有暴力呢？应该是来源于生气。为什么会有生气呢？应该是需要没有被满足。为什么会有需要呢？应该是来自欲望。这欲望应该来自两方面：

1. 有形的物质；

2. 无形的精神。

随着时间的推移，你会发现你的大部分欲望对你想要实现的快乐人生没有贡献。

爱一个人，可以是给他他想要的，也可以是不要让他知道一个他所不能得到的东西。求而不得真的是人身上一个很大的痛苦的来源，但如果他根本不知道那个东西，便不会有所求，也就不会有得不到它的痛苦。人性有“想要”的缺点，经不起考验。如果你是善良的，请不要用一个你不能给的东西去诱惑一颗淳朴的心。

哲学可以放大我们的视野

哲学是可以克服情绪问题、改善心理状况的。比如抑郁，哲学可以放大我们的视野。站在一堵墙面前，看起来穿过去很难，距离墙10000米时，你都看不到墙的存在。

我信仰哲学，信仰思考，信仰质疑，信仰求真向善爱美。信仰无非心灵有个寄托，精力有个去处，让生活有个乐趣。不是非得有个神。

不读书，灵魂无处安放

读书无疑是辛苦的，需要久坐，需要专注，需要排除干扰。那不读书吧。不读书，玩玩手机，看看电视，打打游戏，心思飘浮，灵魂无处安放，更辛苦。那还是读书吧。

自律无疑是辛苦的，需要克制，需要忍耐。可是相比于自律的辛苦，生活不受自己掌控不是更辛苦吗？

不读书，灵魂会贫血

我们时常会对自己没做过的事和不了解的事随意地评论和下结论。比如读书这件事，常常会听到质疑说看那些书有什么用，太理论化了，等等。就像我以前很肤浅地评论过跑步这么单调的事怎么会有人喜欢。在墙外的人看到的永远只有一堵墙。

很多人只看自己职业、专业方面的书，工程师只看技术类的，医生只看医学类的，理财经理只看经济学方面的。我觉得应该各门类书都去看看，因为人的生命是很丰富的，有衣食住行、情感、教育、健康、两性等，缺了哪一个都不行。

如果你贫血了，医生会建议你吃些猪肝之类的食物，你可能会说不喜欢吃，医生会说这不是喜欢，而是需要，你可能就会乖乖地去吃了。读书其实也一样，读书跟孩子上学一样，没有几个是喜欢的，是需要！因为若没有知识与智慧，灵魂是会贫血的！

以前跟朋友探讨过读电子书还是读纸质书，我的习惯是只读纸质书。两种书各有优点，但每当我困惑、踟蹰、沮丧、低落、徘徊、迷失的时候，打开橱窗，看到翻过的书的高度，就能体会到心灵增长的厚度，它是我心中的一股力量！

第九章

CHAPTER 9

生之所望

——在生命中，珍视身边的人

假如把你只身一人放在一座孤岛上，岛上有享用不完的各种美食、各种风格的新衣服、顶级首饰化妆品，建了一幢开窗就是海景的别墅，有你想开的任意好车，甚至还修了赛道，此外还有各种游戏、休闲配置，唯一的不足就是没有其他人，你能住几天？可能不到一个星期你就受不了了。由此可见，在生命中，身边的人才是最重要的，而非各种看起来光鲜的物件。

人类历史上那些伟大灵魂的智慧

任何一种事物，如桌子、飞机、数学、音乐、艺术等，它们被认为存在的本质原因在于触发我们的大脑意识从而形成反馈。一切事物最终都要回归到人的意识，如果你没有思想，心灵休止了，一切便不存在了。

当你某天突然意识到这世界上有一些比黄金更加贵重的东西，比如人类历史上那些伟大灵魂的智慧时，你会无比振奋。他们的智慧都藏在他们撰写的书里，唾手可得，你可以借用他们的智慧来塑造自己的人生。推荐两位：萨古鲁和克里希那穆提。

真理与真相服务于人的意识

真理重要吗？如果真理让世界陷入困苦，真理还重要吗？真相重要吗？如果真相让情感陷入痛苦，那真相还重要吗？真理与真相服务于人的意识，人的意识的追求是离苦得乐，而非看起来好听的真理或真相！

摩擦在陌生人间无法积累，家人间会积累

我们犯错误时，总是很渴望获得别人的原谅，可是，在别人犯错误时，我们的第一反应往往不是去谅解，而是宣泄。

“因为知道家人会原谅自己，所以人更容易对家人发脾气”，这样的说法是荒谬的，因为人们发脾气时根本没有这么复杂的逻辑过程。我们更容易对家人没有耐心，应该是与家人相处的不可选择性带来的长期心理积压所致。人与人之间性格、口味、品位、习惯的差异自然会造成摩擦。陌生人之间有这种摩擦可以远离，而家人是无法远离的，因此陌生人之间的摩擦无法积累，而家人之间的摩擦会积累，这才是人容易对陌生人客气，而对家人却没有耐心的原因。

坦然面对自己

人性中有一个让人特别难以启齿的事实：人们大都不希望看到身边的人（如邻居、同学、朋友等）突然变得很有成就，而乐意看到别人失败。深层讲就是潜意识里不希望自己不如别人。天性来自道，道不可违，坦然面对自己，不必自责，承认需要勇敢。

成年人，吃的欲望只占很少一部分

小孩子对吃的欲望要远远超过成年人。原因大概是：总欲望有个阈值，而儿童的欲望只能集中在吃上，成年人却有很多分流欲望的渠道，如吃、游戏、荣誉、权力支配、游玩等。所以对成年人而言，吃的欲望只占很少一部分。

众生皆苦的苦来自“我”执的欲望：“我”想要的生意，“我”想要的方便，“我”想要的功成名就，“我”想要的被理解。想要的欲望越强，稍不被满足，便恼火痛苦。这些“我”想要的，给自己带来的快乐很短暂，但痛苦却很多。聪明人会想一想，然后放一放。

人这一生一直在做的一件事就是与欲望周旋。有的人很早就放弃抵抗，臣服于欲望。做欲望的仆人往往比较辛苦，也心苦。欲望也有高级低级之分，有的欲望会摧残你的身体和精神，只有快感，没有快乐。我们应当做欲望的主人，选择欲望，为我所用。

人生当是艺术品

有很多人问我有没有信仰，我的信仰是：求真，向善，爱美。我是相信心灵上的寄托会让生命更丰富的。生命本身是由有形和无形构成的。只有有形，它只能称为一个物件；有了无形，才能称为艺术品。人生当是艺术品。

正见需刻意习之

假定大脑是一只碗，碗里盛了代表心念的水。碗里总要盛着水，如果里面盛的不是代表正见的清水，即脑中没有正见，便是让人望而生畏的邪念。正见需刻意习之，不然就被邪念占了山头。

拿得起，放得下

引用哲学家克尔凯郭尔一句话：“人们几乎从未利用过他们所拥有的自由，比如说思想的自由，相反，他们要求言论自由作为补偿。”人们感觉“自由”这个词语挺好的，以至于还不理解自由的概念时一听有人在说它就开始脱帽致敬了。

什么是意志的自由呢？可以随时做自己想做的事情算自由吗？可能不是，因为那时意志并不自由，被想要做某事的欲望给绑架了。也许是随时可以拿起，随时又可以放下，得之不喜，失之不悲的心灵。

人们似乎理直气壮地要求知道真相，但这个本能时常是愚钝的。假如5年后，会有一个小行星撞击地球造成毁灭，宇航局有两个选择：一是不告知真相，让人们自如地过完5年；二是告诉真相，让人们恐惧绝望地过5年。那你觉得对于众人来讲，这个真相是知道好还是不知道好呢？有可能真相一经传播，第二天世界上就没有一个角落是安全的了。

人生最重要的是平静

无我相，无人相，无众生相，无寿者相。不著相，尤其是不著我相，所有的痛苦与情绪都与“我”有关：“我”的利益，“我”的荣誉，“我”的便利，本属于“我”的，等等。争的路上产生恼怒、痛苦、烦躁，就失去了平静的喜悦。

读书是成事的捷径

巴菲特的合伙人查理·芒格说过这样一句话："我这一辈子遇到的聪明人（来自各行各业的聪明人），没有一个不是每天阅读的，没有，一个都没有。"乔布斯、比尔·盖茨、鲁迅、王阳明、巴菲特、埃隆·马斯克、瑞·达里奥，和我看过的几乎所有书的作者，即在各个领域极有成就的人，几乎每个人都有阅读的习惯。我们日常会学习这些人部分思想和经验，书才是他们的源代码。相较于生活中的奔波与辛苦，读书才是成事的捷径。应将阅读变成吃饭一样一定去做的事情。因为身体不吃饭将会消瘦、干瘪、失去生命力，灵魂不吃饭将会空洞、冷漠、失去吸引力。

关于读书，刚开始看书也别随便选书看。倒不是因为你选到的那本书有多差，而是因为那本书不够好。那不够好到底有什么问题呢？如果前几本书份量不够的话，会让你觉得看书其实也没什么大的作用，看着看着就觉得没意思，可能就放弃了。

专业是拥有人情味最大的障碍

很多人都有相似的体验：打电话给酒店前台，接话员讲的第一句话一连串，自己一个字都没听懂。几乎“不错”的酒店全是这样，给我的体验是——简直糟透了。训练有素的代价是失去其原有的温柔。

很多行业，在培养服务人员的时候进入很大的一个误区，觉得最重要的是服务人员语言专业、统一，表情职业化，笑不露齿。在我看来，最打动人的服务人员应具有人情味的灵性，那些所谓的专业、职业正是把服务人员与客户隔开的鸿沟。有时候，专业是拥有人情味最大的障碍。

快乐的根源在于心灵的修行

长相俊美的人会不可避免地受到优待，被拒绝的概率低，有较多的人向他示好。久而久之，他的耐心、努力的强度、学习的意愿相对会低于长相一般者，这让俊美者心灵的修行更具挑战，而人们快乐的根源在于心灵的修行。所以说漂亮其实也很辛苦。

智慧能改变人生的结局

那天进小区门口卤菜店，突然看见店员小哥在看书，就问他看的什么书。他拿给我看，是一本关于古代诗词的书。我感叹说："这里怎么装得下你呀……"后来我回家拿了一本书送给他，英文名*Think and Grow Rich*。这里的Rich远不只物质，更是富饶充实的人生。

生活就像打怪兽一样，怪兽是各种坏事与磨难，丰富的物质生活就像保护的盔甲，而智慧就是刺杀怪兽的利刃。如果只有盔甲没有利刃，相当于一直被怪兽打，还不了手。无非盔甲能帮你多撑一会儿，总有一天盔甲会被打坏然后打到肉身。所以要有盔甲，更要有利刃，只有有利刃才有可能改变这场战斗的结局。唯有智慧，才能改变人生的结局。

有爱，天下莫能与之争

《道德经》曰："以其不争，故天下莫能与之争。"看看我们此刻拥有的，当真是我们曾经奋力争取来的吗？爱哭的孩童有奶吃，但我们更喜爱的可能是旁边那个睁大眼睛笑着看你的天使一样的宝贝，而非哭哭闹闹的那个孩子。所以，不争，收获爱，有爱，天下莫能与之争。

孩子在18岁之前要给他的不是快乐，而是成长。18岁前感官主导，只需要吃、买、玩、用就能满足并持续快乐。成长包括让其变得坚韧且获得思考的能力，还包括培养其善良正直的品质。所以父母的每个决策需同时思考：这是让孩子快乐还是成长？快乐会在成长中顺带而来，不应成为目的，成长的过程中有快乐，所以别怕成长苦涩。

人们总是能证明自己的预判是对的

人们几乎总是能证明自己的预判是对的：如果你觉得世界上虚伪的人比较多，你也不会对他们真诚，久而久之，彼此间都是那么敷衍潦草……如果你相信世间的人都是真诚的，你便会更多地信任人，此时，人们心中的良善会被你的信任激发而变得更加真诚、友爱。

说“谢谢”的频率最好多于说“对不起”，“谢谢”会激发对方的良善，“对不起”更容易激发对方的傲慢。如果你爱一个人，你就常对他说“谢谢”；如果你想毁掉一个人，你就一直跟他说“对不起”。这背后的原理是深刻且晦涩的。

你可以问自己三个问题

之前在高铁站，我问一个陌生人："我可以问你三个问题吗？"他点头说"可以"。我问："你有阅读的习惯吗？""你觉得你是一个热爱思考的人吗？""你觉得你是一个对新鲜事物持开放心态的人吗？"三个回答都是Yes，后来我们聊了40分钟，他差点儿误了火车。你也可以问问自己这三个问题。你的生命状态跟回答几个Yes有很大关联。

远离自私，靠近智慧

如果人们都能意识到慷慨所带来的长期回报和好处，那么世界上可能就再没有斤斤计较和疲惫的利益争抢了。《道德经》里的"以其不争，故天下莫能与之争"，《圣经》里的"treat others the way you want to be treated"，财散，人聚；人聚，钱来……几乎所有经典都在教人慷慨。

谎言有三种，一是利己的，二是利他的，三是利彼此的。利己的谎言就是自私，你会在很多商业行为中看到；利他的谎言就是善良，你会在医院的病床边听到；利彼此的谎言就是智慧。用一颗善良的心去作为谎言的标尺，远离自私，靠近智慧。

生命的终极走向是灵性

生命的终极走向一定不是物质性，而是灵性。并非创造多少财富，而是它正向地影响了多少人的生命。由于它的出现，一些人的生命轨迹发生了彻底的改变，不再抽烟了，开始健身了，开始阅读了，开始自律了……

灵性的力量是巨大且令人震撼的！物质渴求就像黑布一样把自己的灵性遮盖住。只要你想，你可以挣脱黑色外衣，体验一种从未有过的灵性生命，灵性的光芒就是你清澈的眼神。

高考是很多人改变命运的机会，有的人抓住了，有的人没有。自律是更多人第二次改变命运的机会，它的辛苦远低于高中三年。即便自律没能给你带来任何机会，但相信我：你自己、你的爱人、你的孩子，正在被你改变。

开悟让痛苦成为流星，转瞬即逝

开悟可以消除90%的痛苦：不要去看你的痛苦，只要是让你感到不舒服的东西，远离它，删掉它，千万不要时不时盯着它。观察痛苦这个行为就像给痛苦施加养料一样，你越思考，它就变得越大，占据你全部大脑，千万别掉入它的陷阱里。“眼不见心不烦”是有道理的。

开悟不是没有痛苦，而是不在痛苦中驻留。会产生痛苦是人的生理设置，这是上天给予的原始程序，无法改变，但是我们的灵性与智慧可以在此基础上作出选择，不在痛苦中驻留。开悟让痛苦成为流星，转瞬即逝，未开悟的痛苦就像恒星持续存在。

是关系便一定会有冲突

捡到100元钱的快乐和丢掉100元钱的痛苦绝对值是不相等的，一般来讲四倍的快乐才能抵消一倍的痛苦。伴侣关系中，做一次好事的影响力远不及做一次坏事带来的杀伤力强，只要是关系便一定会有冲突。基于这样一个事实，便知道伴侣若想永远生活得惬意快乐是多么不容易。

为获得有趣的灵魂而读书

我们会因为钱包空空而羞涩，却很少会因为思想空空而羞涩。我们从不会以没有时间为借口而不去努力填饱肚子，却常以没有时间为借口而不去填饱灵魂。我们会为了获得傲人的身材而健身，却很少为了获得有趣的灵魂而读书。

智慧是唯一值得羡慕和渴求的

爱情是美好的，但也从你爱上某个人开始，苦涩便接踵而至；养育是美好的，养育的过程也是各种苦涩的聚合。一切打破平静的情绪最终都不可避免地演化为某种苦涩。不要羡慕富裕的人，越富裕，越怕苦涩。唯一值得羡慕和渴求的，是智慧！

一个人无论有多睿智和博学，都不可能对世界上所有的学科和领域都精通。也许他是个商业奇才，但他不一定是一个教育孩子的高手；也许他精通养生，但他不一定在处理两性情感上很擅长。由此可见，谦虚与自知的人才能称得上有智慧的人。

不要想着如何把事情做对，应该想着如何不做错。就像人不要想着如何能获得幸福，应该想着如何能避免痛苦。因为做对和幸福都是抽象朦胧的，不好落实，而避免做错和规避痛苦是很具体的，容易执行。做对是求有用，不做错是求无用，无用是智慧。

懂坚守，敢热爱

烦恼与空虚若被安上诗歌的翅膀，便化作喜悦与充盈。若是不带上一本书出行，那轻飘飘的灵魂何以能假装得沉甸甸？鲜有一个女子在读完纪伯伦的诗作之后能克制住不爱上纪伯伦，鲜有一个男子能回避一双读着诗歌的女子的眼睛。

男子当温良如玉，玉者气柔质坚，通透纯净；女子当温润如水，水者以至柔驰骋天下之至坚。男子修身成玉，女子修身成水，这个要求是很高的。腹中要有诗书，心中常怀远方，要懂坚守，敢热爱，不迷喧闹，不惧孤独。这样，方是美丽的人，迷人的人。

快乐和幸福是值得羡慕的

我们会羡慕别人长得好看，羡慕别人名气响，羡慕别人赚钱多，却不太会羡慕别人很快乐或幸福。尤其如果那个很快乐的人很贫穷，我们就更觉得不以为然，心里长舒一口气。可见，我们的生活质量还不怎么样，我们在内心深处还不知道自己想要什么。

追求财务自由的渴望越强烈，可能说明没有真正享受和喜欢自己所做的工作。觉得财务自由后自己就可以不用工作，可以到处旅行了，这里的潜台词是旅行比工作更让人快乐。我觉得我的工作比环球旅行有趣多了，它可以帮助点亮共事的人。

至善是智慧的表现

快乐需要两个条件作为基础：

1. 能吃饱穿暖；

2. 吃饱穿暖后赚多少钱就没关系了。

能活得快乐需要两个条件作为基础：

1. 智慧；

2.有智慧（智慧太重要了，所以说两遍）。

每个文化看到的最深刻的智慧都是相同的，但各自用自己的理解方式把它描述出来。就像不同人看到同一个美好的女子，有的说沉鱼落雁鸟惊喧，有的说一双似喜非喜含情目。

善不能被传授，善只能被习得。就像知识与智慧，知识可以被传授，但智慧不能被传授，只能自己慢慢习得。能被传授的善只是善的知识，而非善本身。向善是自我习得让心灵变饱满的过程，心灵变得饱满了人自然就善了。善与心灵饱满与否密切相关。

有的人会说善良的人反而被伤害，所以不能太善良。这种观念不够高级。真正的大善至善是不会被伤害的。至善是对众人众生的，别忘了自己也是众生之一，所以只有对自己也善才叫至善。即你想着善待别人，同时也确保能善待自己，这会激发你思考、顾及双方的智慧，所以至善也是智慧的表现。

第十章

CHAPTER 10

自律自由

——自律的人，都拥有自由的人生

在所有的行为中，毫无间断的自律算是最难的，但同时，它也是回报最大的。如果你在生活的泥潭里艰难跋涉，一个很简单的解决方法就是找一件事情，然后每天自律地坚持。可以是锻炼，可以是阅读，可以是学英文，可以是早起。

推荐书是凭借潜意识里的感受

我认为读书的意义是：当别人说自己一生没有任何成就，读书还有什么用时，我会想，我已经不用有用没用来审视生命了。

偶尔会为朋友推荐书，其实我推荐的大部分书都已经不记得内容了。那干吗还推荐呢？是因为：虽记不住内容，但读那本书时震撼的感受是记忆犹新的，推荐书是凭借潜意识里的感受。右脑记情感远强于左脑记内容。

读书不可耻且有用

想象一下，假如一个工厂有500个操作工，其中一人每天读10页书，别的499个工友每天玩玩游戏。如果你是工厂领导，当你了解到这种情况，相信你会忍不住给那个工人升职的机会。

会做事还要会宣传！比如读书，每天读到好的地方，有感触的地方，就拍下来放到微信朋友圈中，写两句自己的感悟。让周围的人知道和意识到你在读书不是一件应该脸红的事，相反，这是一件极其聪明的事！你的同事、客户、领导、家人，看到你在读书，他们会开始敬佩你，称赞你，谈论你，尊敬你，并喜爱你，你在他们的眼里就是最特别的人，后面你将会获得无限的意想不到的机会！

用生命去体验世界

回想一下，我们在吃一盘花生米的时候，都会先把成色好、长相优和外形饱满的先吃掉。吃到最后发现，盘中所有的花生米都被自己吃完了。你看我们花了那么多时间去选择，其实这些选择也没有什么意义。这世界是你的，你要做的是用生命去体验它，而不是花大量时间去选择。

善良是世界上最有魅力的品质

在做每件事之前问自己一个问题：我将要做的这件事是让这个世界变得更美还是更不美了？然后你会发现有80%的事情你都不会去做，并且有80%你以前不敢做的事情现在敢做了。如果你能确保你说的每句话都是善的，你就觉醒了。

善良是世界上最有魅力的品质，当我们在茫茫人海、纷繁的世界不知道何去何从，不知道该成为怎样的人的时候，就做一个善良的人吧！

人为什么容易对亲近的人生气

人为什么容易对亲近的人生气呢？一种可能：对比外人，和亲近的人生活久了更了解对方的缺点，长久地忍受恼人的行为和性格，难免会让人失去耐心而生气。伴侣之间也一样，有时我们觉得外人对我们挺好的，甚至比伴侣对我们都要好，但其实这忽略了一个事实：外人对自己好的频次一定是很低的。外人对自己偶尔好一两次很容易，而自己对伴侣的要求是对自己365天一直好，难度很大的。

爱是发自内心深处最本身的良知与感受

送出一本书，就是给予一份爱。对家人的爱，对朋友的爱，还有哪怕对不相识之人的爱。有爱的生命旅程才是动人的，相比苍白暗淡的争名逐利，有爱才叫人觉得在活着。爱是发自内心深处最本真的良知与感觉。

心动是感性阵地的失守。心动很常见，来得也很快，或因为一首诗，一个眼神，一个帮助，一个背影，一个微笑，等等。爱或许来得很慢，它像连绵数月的雨水，但再不起眼的雨，积累到让河岸决堤的时候也是摧枯拉朽……

有时间常与亲人聚

古时候，车马慢，书信久，倒是更能让人感受相见时难别亦难的感情从而珍惜在一起的时光。每每亲戚或朋友相见，都会尽可能相处得时间更久些。聊聊家事，聊聊政事，聊聊时光易逝，浓浓的情谊……

现代交通很发达，有高铁、飞机，你跟你的哥哥姐姐、弟弟妹妹见一次的时候，能待几天？可能2天，可能1天。我们现在交通更方便了，可是跟亲人待在一起的时间却反而更短了。

读书不用刻意记住

建议读书的时候握一支笔，画线的时候就像瞬间跟作者有了汇通之处，与作者在观点上达成了共识，这就是与作者的一次对话，这段对话会深深地印在潜意识里，所以读书不用刻意记住。

自律是回报最大的

在所有的行为中，毫无间断的自律是最难的，但同时，它也是回报最大的。如果你在生活的泥潭里艰难跋涉，一个很简单的解决方法就是找一件事情，然后每天自律地坚持。可以是锻炼，可以是阅读，可以是学英文，可以是早起。

自律有一些小辛苦是不言而喻的，但它有没有快乐呢？一定是有的，而且它的感觉是很强烈的。随着自律一天一天地被累积，这个习惯就像自己最珍贵的物件，想到就觉得开心，把玩时更是乐趣无穷。

快乐与名利无关

苏东坡一生多次被贬，黄州、惠州、儋州……每到一地，不管这个地方贫富，都有大批当地的人慕名拜访，官人、僧人、商人等，送去好酒好菜，甚至有人跋涉几百里慕名来访。即便苏东坡一肚子不合时宜，但走到哪儿都有人爱，有人陪，有什么比这开心？世俗人用世俗的眼光看待苏东坡，认为他被贬太可怜，其实不是苏东坡可怜，是世俗人可怜。

成长就是用天真与可爱交换理性与规矩的过程

我们希望孩童在拥有稚气与可爱的同时，还能拥有成年人才有的理性与规矩；我们希望成年人在拥有理性与规矩的同时，还能拥有孩童才有的天真与可爱。让成年人天真可爱和让孩童理性规矩一样难。成长的过程就是用天真与可爱交换理性与规矩的过程，残酷，但真实。那些从这条残酷规律中幸免的人，是人类中真正的幸运儿和智者。

做实事

对于一个销售员来讲，其实可以放弃去做本不喜欢做的事情，如抽烟、喝酒、应酬。只需要确保一件事情：你的产品能帮助客户解决什么问题。医生从不需要请患者喝酒，导师从不需要请学员吃饭，你作为医生及导师的“客户”，你明确知道他们能解决你的问题。

自律习惯的养成

如果我们想要养成一个自律的习惯，建议不要用时间来作为标准，例如每天读书1个小时，每天跑步45分钟。根据实践经验，这样的目标很难持续下去，因为时间往往不可控或者很容易被打扰。所以建议改成可量化的目标，如每天读书8页，每天跑步3千米。容易坚持的习惯会长久。

人生短暂，为值得事付出

在高铁站，遇见两位女士与出租车司机就网约车70元费用问题争得不可开交，甚至报警了。我尝试调节，但双方太激烈。后来我对一位还算冷静克制的女士说：“人生那么短，为了70元，哪里值得。”说完送了她一本书就离开了……

生活的追求，是快乐

我向朋友们做了一个小小的调查：把快乐按1~100分评分，为过去的一年和现在打分。结果真的让人很揪心，有-100分、30分、38分等。如果我们从未快乐，那么我们的生活究竟在追求何物呢?

守护内心的平静

过分追求公平可能会成为心灵的束缚，让自己不快乐。之前打印了一个东西要2元，付完钱后却没打印出来，正想跟对方理论时，心里有个声音说："不可为了2元丢了心灵的平静，公平不如平静重要。"

心智成熟很大程度体现在能接纳不公平。对不公平的无法释怀是很多人痛苦和怨恨的重要原因，公平本身不是人性的诉求，人性的诉求只有一个：离苦得乐的愉悦。公平是人类创造的观念，它出发点很好，有时却带来烦恼。

关于饮食健康的知识

平时我们关于饮食健康的知识从哪里来的呢？可能来自网络，可能来自媒体片段的信息，也可能来自人们的谈论。这些内容大多出处无从考证，无科学论证过程。而出版成册的书因为要接受大众的质疑和监督，所以质量相对高一些。《肠子的小心思》《饮食术》这类关于健康的书值得一看。

我们身上的每一个器官和部件，在它们健康工作的时候不会给我们任何反馈，只有在它们发生问题的时候我们才能感觉到它们。

坚强处下，柔弱处上

外貌的漂亮很容易被人一眼瞧见，但心灵的美丽不容易被人发现。这看起来不公平但其实也很公平。容易被瞧见的漂亮外貌很容易被厌倦，不容易被瞧见的美丽心灵却不容易被厌倦。外表漂亮犹如人间灯火，心灵美丽更像灿烂星空。

如果你想得到别人的帮助，不要逞强，不要画饼，不要威胁，也不要要求，而是要示弱。坚强处下，柔弱处上！真正获得别人真心的帮助一定是撬动了对方的心灵，心灵有个可爱的规律，遇刚强则刚强，遇柔软便柔软，让自己弱，对方心也就软了。

爱才是一个人生命中最珍贵的

对于情爱而言，相比给予爱，给钱是更容易的，因为只要有就行了。给予爱为什么更难呢？因为爱要求耐心、陪伴、倾听、思考与时间，这些是一个人生命中极为珍贵的东西。所以对方若能把这些给你而非只是钱，那才是爱你。

如果你是一个皇帝，有一点不好的是你无法确认跟你在一起的女子是不是真的爱你；如果你是一个贫穷的书生，有一点好的是你可以大概率确认跟你在一起的女子是真的爱你。权贵也有权贵的无奈，贫贱也有贫贱的乐趣。

情爱的能量

人们可能是不懂爱的，不然怎么解释男子钟情时不念诗歌，女子怀春时不望明月，而只去关注人以外的东西，如工作、存款等。如果浪漫与情怀不再是情爱的主旋律，那么我们何以能怪罪爱情的乏味与沉闷呢？

世界上再没什么比女子更美好了。如果没有女子，那世上的男子就少了许多冲突和纷争。因为若没了女子，男子的众多纷争就瞬间没了意义。爱都没了，表现的欲望也就没了，斗争的意义也就没有了。

情爱的能量是鲜有被知晓的，上天公平地赋予了贵族与奴隶同样的可以感知世界的肉体与灵魂，上天同样公平地赋予了每个人获得快乐与震撼的地基，只是有的人在地基上盖的是草棚，而有的人建的是宫殿。

公开承诺的力量是巨大的

公开承诺的力量是巨大的，如果你想养成每日阅读的习惯，你最好找一个同伴，告诉他你每天会阅读20页，作出承诺，每日兑现。每个人想打破自己的承诺时是会挣扎的，每日一寸的力量是可怕的。

破解心灵的密码

如果你想让一个人做某事，比如想让同事帮忙，想让小朋友吃蔬菜，想让别人通融，等等，只需要夸赞他，表扬他，对方心灵的密码一下子就被破解开了。通过挖苦、训斥、苛责、争吵而想让别人做事，那是还不懂人性的行为。

推崇阅读纸质书

读书，还是推崇阅读纸质书。读书与听书的共同点是：都能获得大量知识。二者最大的区别是：读书允许你有大量思考的时间，这是最有价值的；听书太快了，一闪而过，根本没有时间思考，最后只留下记忆性的知识。

对于多数母语为非英语的人群，我不建议读英文原版书，因为这对精力是极大的消耗，并且受限于自己的英文能力，能读懂的内容也有限。阅读翻译版本更高效，我们真正渴求的是书里的智慧，而不是它的形式。

音乐是滋养心灵的必需品

音乐对一个人的意义不只是悦耳或戴上耳机打发时间，它是滋养心灵的必需品，它是能让时间倒流的魔法棒，它是爱的同义词……

你得先确定自己爱自己

我们觉得给予了别人无限的爱、无限的善良、无限的真诚，却没有换来对方对等的爱、善良和真诚，觉得不值得为那个人付出，从而后悔与沮丧。可是，一份求回报的爱、善良、真诚还是爱本身吗？真正的爱、善良、真诚是不求回报的，就像父母对孩子那样。

你爱自己吗？如果你不爱自己，你凭什么让你暗恋的人爱你？你爱自己的容貌吗？如果你不爱你的容貌，你凭什么让你暗恋的人爱你的容貌？你爱自己的人格吗？如果你不爱你的人格，你凭什么让你暗恋的人爱你的人格？你有爱自己的理由，你暗恋的人才有爱你的理由，你的客户才有偏爱你的理由。你得先确定自己爱自己的理由，否则你便会被问：你自己都不喜欢自己，凭什么要让别人喜欢？

领略人间真正顶级的智慧

碰到社会上的大人物，工作中的大领导，你可能会有所紧张，因为你觉得他们很厉害，知识渊博，思想深刻，但如果你看了很多书，领略到人间真正顶级的智慧，见识过真正的思维与思想，便不会再紧张于你周遭的人和事。

心中有智慧，眼睛有光芒

财富只是手段，快乐才是目的，如果不能将财富转变为快乐，那么一切物质的丰裕将毫无意义。貌美只是手段，爱才是目的，如果拥有绝世容颜却无法获得真爱，再美若天仙都毫无意义。

有两组选择：长相不漂亮但被人喜欢，长得漂亮但没人喜欢；没有钱但很有幸福感，很有钱但没有幸福感。你怎么选？人生中有两个东西：一个叫手段，一个叫目的。别搞混了。漂亮是手段，被喜欢才是目的；财富是手段，幸福才是目的。

看一看你的衣柜，有没有一整年都没有穿过的衣服？如果有，你就可以把它丢掉了。因为四个季节都度过了你却没有穿过它，那么相信我，下一个四季你依旧不会穿。

如果明天你就60岁了，你的生活将会成为什么模样？还会有人再爱你吗？你还会再爱着谁吗？随着时光的逝去，并不意味着你不再迷人。如果你心中有智慧，如果你眼睛依旧有光芒，这世界便依然是你的。

第十一章

CHAPTER 11

光阴飞逝

——时间的流逝是相当无情的

时间的流逝相当无情。如果我们每天在阅读或坚持一件事情，那么时间的流逝对我们来说就是不断积累；如果我们什么都没有做，那么时间的流逝就真的代表生命的消散。2年，5年，10年……两种不同的选择，就会造成天壤之别。

喜庆是一种能力

逢年过节的餐桌，摆满了各种菜肴，丰盛极了。但是，单单就吃饭的感受而言，1~2个菜的时候反而更让人享受。小时候，电视频道只有两个，却看得津津有味，现在频道有几百个却趣味锐减。凡事，一多，满足感骤降。

常有人说现在过年没有年味。年还是那个年，只是现代人的繁忙生活与对物质的追求让自己渐渐失去了喜庆的能力——喜庆是一种能力。就如夜晚还是那个夜晚，有人看到的是漆黑一团，啥也做不了，有人看到的却是星河灿烂，仿佛触手可及。

但行好事，莫问前程

一切外在结果最终都会跟自己的内在状态匹配起来。外在的是合作、业务、财务、关系等，内在的是认知、情绪、逻辑、信念等。所以，如果你人际关系不好，工作不顺心，感情不如意，投资常亏损，等等，可能是你的内在在塌陷。所以，当先内求，而非外求。

世界上有很多身陷泥潭的灵魂，以亿万计，即便你想把他们都拉出来，恐怕几辈子也拉不完。那是不是就不去拉呢？当然不是，要去拉，因为你每拉上来一个人，你就至少改变了一个人的一生。但行好事，莫问前程！

坚持正确的价值观，坚持理想

一些有成就的企业家，获得成就的原因居然是那些小学课本里的内容，如善良、诚实，还有部分初中课本里的内容，如正确的价值观、坚持理想。通过不美好的手段而获得了成就，虽然你在大众面前会很耀眼，但独处时心是不安且慌张的。

私营小企业在招聘新员工时，应注重品德；企业老板应把经验与思想毫无保留地分享给新员工，优待他们，不要因担心他们会离开就有所保留。当你获得员工的心的时候，即便他们离开了，也会给你创造无限的机会和意想不到的回报。

最技艺精湛的整容是对灵魂的雕刻

人群中最美的面容应当是笑容，所以最好的化妆品应当是风趣与幽默，而非口红和粉底。最技艺精湛的整容绝不是对鼻子或下巴的修整，而是对灵魂的雕刻。

如果你长得很漂亮，无疑你是幸运的，但是你要思考一个问题：你的灵魂能不能配得上你的美貌？如果灵魂配不上美貌，势必会比较辛苦，会比较容易被外界攻击和侵犯。就像职位很高也不一定是好事情，因为若德不配位，易有灾殃。

除了生命，我们一无所有

人们大体上只能活在自己的世界里，通过自己的眼光和理解去评判世界，而吝啬于花点儿时间去理解自己爱人内心深处的想法，大多家庭的痛苦就源于此。体恤人心的眼界与格局怎么可能天生就有，所以真的要多读书！

著名作曲家巴赫一共有20个孩子，其中11个夭折，只有9个成年，相当于每一两年就要经历一次绝望。我们现代人在工作、生活中动辄焦虑、沮丧，觉得生活过不下去了。要知道，除了生命，我们一无所有。

一个人的志向不能被改变

三军可夺帅也，匹夫不可夺志也！一个军队的统帅可以被改变，但一个人的志向是不能被改变的。就算你身份卑微，他人高高在上，他也只能左右你身在哪儿，无法左右你心在哪儿！贫贱也有贫贱的力量。

做自己喜欢的事

服务一个烂客户比没有客户更糟糕；跟一个不合适的人在一起比找不到伴侣更糟糕；做一件不喜欢的事比没事情可做更糟糕。因为前者会消耗、磨灭你的大部分热情，以致你没有精力留给真正值得你爱的人和事。

把短暂的生命活得有趣、振奋和精彩

我每天早上5：55就起来，是因为我每天要读40页书。

我这样做，是因为我发现这是能让我产生思维觉醒的最有效的方式。

我想要有思维的觉醒，是因为我想把这仅有一次可使用的并且短暂的生命活得有趣、振奋和精彩。

一句话概括，我早起是为了活出有趣、振奋、精彩的人生。

一切自发产生的行为的改变，其根本原因都是认知的改变。大多数人错误地聚焦在行为上，而忽略了认知的进化。

先让自己开心，才会遇见开心的事

有人会抱怨说：每天遇不到让自己开心的事和人，自己怎么可能高兴得起来？但实际情况可能是，不是先遇到开心的事才变成开心的人，而是先有能让自己开心的视野和认知，成为开心的人，随后才会遇见开心的事。

时间的流逝是无情的

要说人坚持做一件事，不怕不聪明，就怕太聪明。不聪明的人就认准一个理，只管做，做到底，就像阿甘。聪明人呢，做了一个月就开始问：这样做有意义吗？太拘于形式了吧，条条大路通罗马，干吗非得这样？然后就不做了。世人哪，因为太聪明，所以脱不了苦。

时间的流逝相当无情。如果我们每天在阅读或坚持做一件事情，那么时间的流逝对我们来说就是不断积累；如果我们什么都没有做，那么时间的流逝就真的代表生命的消散。2年，5年，10年……两种不同的选择，就会造成天壤之别。

远离不好的事

对付烂事的方法不是解决，而是远离，为自己赢得一颗清净之心。如若你在巷子里遇到一个狂吠之犬，你的最优选择就是尽快远离，因为它是没有理性的，而且你不会从跟它的斡旋中得到任何好处。这同样也适用于对待有伤害性的事。

大多数情况下，两个人争论不是为了获取某种真理，而是为了获得本次争论的胜利。只有在想赢的时候，你才会惧怕输，如果对赢没有执念，对输也就没了忌惮，这样，你才能获得清净心。

遇到大事情向别人征询意见

假如你有四个苹果，两个好的，两个烂的。如果你两手各抓一个好苹果，就没有手抓烂苹果了。人的精力也一样，每个人都会遇到好事和烂事，如果你盯着好事，就没有精力留给烂事了。反之亦然。

遇到大事情最好向别人征询意见，因为无论是好事的狂喜还是烂事的痛苦都会让你产生情绪；人在情绪中时理性思考力是不完整的，容易被情绪冲昏了头脑而难以做出理性的、有利的决定。而别人不在这种情绪里，会更容易理性地思考。理性是人类最高贵的品质，情绪化的人让他身边的人痛苦。

记忆性知识和理解性知识

知识有两种：一种是记忆性的，一种是理解性的。记忆性的知识如历史事件及人物、行业信息等，拥有这类知识的人给人以知识面广、学识渊博之感；理解性的知识更侧重分析能力，拥有这类知识的人见解深刻独到，给人以充满智慧之感。如果只能选其一，做第二种人吧。

人读哲学最起码有一个好处：能叫人不武断。一项研究发现，人对自己不是太了解的事物，便不敢随意下结论。读历史更能让人不武断。历史上发生的很多事件都有错综复杂的背景，依其制定的对策也因此较为特殊，不是我们以为的那么简单。

如果想培养阅读习惯，建议不以小说类题材开始。小说给人带来的收获会比较迟缓，而哲思类很快速，有些句子让人醍醐灌顶。可能有些武断，但可以尝试一下。

真正的大智慧是乐观与热爱

真正的大智慧是乐观与热爱！

对于每个人而言，拥有遇事乐观的品性，会很容易得到他人的关注、褒奖与认可，并获得帮助，从而使所遇之事更容易被解决，这是一个积极的循环。不是因为知道难题能被解决而乐观，而是因为乐观让难题更易解决。乐观是聪明。

纵使我们现在生活在一个还有诸多不足的世界，但相比更久远的野蛮时代，也已经足够美好，而且这个世界还会越来越美。所以，我们没道理不乐观。

做一个独特的人

建议你做一个独特的人，因为物以稀为贵，人亦然。较稀少的物和人才会吸引人们的注意力，比如，爱马仕为了打出知名度，就限制每年产品的供应量。人类自带一种追求稀有物的天性。如果你的工作需要引起别人的注意，那就去做一个不同于周围人的人。

培养爱上自己已拥有的东西的能力

我们应该培养一种爱上自己已拥有的东西的能力，这是很难的事情。我们总渴望新的未得到的东西，殊不知，我们渴望的那个新工作是前人离职放弃的，我们渴望去的景区也是别人待腻的地方。我们渴望的新的，是别人倦了的旧的。

自我投入让爱的感觉慢慢强化

人为何会爱上某个人呢？你会发现，不管是你觉得优秀的人，还是不优秀的人，都有人爱，这说明人选择爱一个人，优秀不是一个必要的考虑因素。选择爱一个人，是因为你对这个人不断地投入了更多的时间、资源、意识、精力、金钱，是自我投入让爱的感觉慢慢强化。对方只提供了一点好感，所以，是你让自己爱上某个人，而不是对方让你爱上他。

经营婚姻不是一件容易的事

爱情，是你在得到它之前感到快乐，而友谊，是你在得到它之后感到快乐。爱情就像捧在手心的冰块一样，你越热情，它融化得越快。爱情最美好的时候，就是你还没得到它但快要得到它的时候。上苍知道爱情不能持久，便赐人以友谊作为补偿。

有的爱情转化成了婚姻，但要婚姻幸福似乎并不是一件容易的事情。幸福的婚姻要求在各个方面都同时成功，如两性的吸引、金钱观、教育观、亲属关系等。幸福就像木桶，短哪块板都能漏光幸福之水。

绝大多数的工作，上岗前都有培训，而婚姻是没有的。把婚姻经营好其实不那么容易，需要精通心理学，掌握修辞学，通晓哲学，等等。

努力打好人生抓的烂牌

打“斗地主”的时候，有时会抓到烂牌，此时去谩骂和抱怨是不能改变什么的，唯一能做的就是好好思考一下如何理牌、出牌，把烂牌打好。人生就和打牌一样，有时抓的就是烂牌，不要灰心，努力打好。

我们的眼睛只能看到外界，看不到自己

当我们吃不上饭的时候，我们就只有一个问题：如何能吃饱饭？除此之外，我们不会想其他任何问题。当我们吃饱饭后，我们就会有无数的问题：工作、情感、性、钱、品牌、营养、荣誉等。那么，问题越多越好还是越少越好呢？这真得好好思考一下。

由于天然的生理构造，我们的眼睛只能看向外界，而无法看向自己，所以我们往往只会看到别人的缺点，而看不到自己的问题。能看到自己缺点的人，就是有“天眼”的人，“天眼”看的不是妖魔鬼怪，看的是自己。

知识不断更新

学习一项新技能的好处在哪里呢？你看，学习某项技能，你可能只需要花很短的时间，比如学会两首歌、一种球类。但学会后的几十年里，你会在无数的场合应用它，带来成百倍的体验，多划算。

能坚持阅读或早起不是因为我有坚定的意志或优秀的品质。相反，我对获得优秀的品质兴趣不是很大。能做到这些仅仅是因为我认为做这些事情所获得的回报巨大，人的大性自动趋向利益，所以，做与不做，区别仅仅在于能否看到背后的利益。

事实大于雄辩

有一部分人，反驳像是一种本能，无论别人向他述说何种新的思想或观点，他都会给予否定和反驳。甚至，有时为了反驳而反驳，只是为了表现自己很有想法和体现自己的重要性，而忽略了对方观点的价值和积极意义。我就有这个不好的习惯，要改正。

有一个不会被人反驳的好办法，就是只陈述事实。如果你的周围有比较喜欢反驳的人，那么，你在跟这些人交流的时候，只说事实，这样他们就对你无从下手。一个人无法荒唐到对事实进行反驳。事实大于雄辩！但你也要注意，你说的事实很多情况下是你以为的事实，而不是真正的事实。

每个人都会为自己的认知买单

不要听别人的秘密，别人主动告诉你也尽量不要听。喜欢听别人的秘密和隐私是人的本能，但这真的没好处。因为你听了别人的秘密后就自动有了保守秘密的责任，而大多数人保守不住秘密。不能保守秘密会让你的人格和人际关系都陷入窘境。

每个人都会为自己的认知买单！相比于“责任”这个词语，我更喜欢用“买单”。因为一个人不负责任，你可以说他无赖，照样拿他没办法。但如果一个人不“买单”，他将会受到惩罚，吃饭不买单会直接被警察带走。责任你可以不负，但单你必须买！

世间的智慧均是相互滋养而产生的

胡因梦翻译克里希那穆提的《生命之书》，冰心翻译泰戈尔的《生如夏花》。女神何以成为女神？世间的智慧均是互相滋养而产生的，手捧玫瑰，玫瑰香，你也香。

感官与理性

人一生会遇到两个持久的冲突：感官与理性的冲突，本能与理性冲突。感官告诉你“想吃”，理性告诉你“减肥”；本能告诉你“就是喜欢钱”，理性告诉你“钱只是实现快乐的工具之一”。如果感官与本能占上风，那么你这一生就会跟路上看到的行色匆匆的人一样，庸庸碌碌；如果理性占上风，那么你这一生将会跟你在书里看过的人一样，万里挑一。

消费本质上是在为感觉买单

本质上讲，我们的消费都是在为感觉买单，而非为价值买单。比如，相机刚出现的时候，能拍得起照片的人觉得很荣耀，而现在拍照是那么普通平常。虽然照片的品质提升了，但心里感觉差以千里。

财富也是相同的道理，它最终的意义在于人的感觉。财富对人来讲最摄人心魄的意义到底在哪里呢？一定不是实物消费本身，因为物件对人的满足是有限的。财富深层的意义应该在于对他人的支配与对他人的感受侵占，即获得他人的关注、仰慕、依附、艳羡、感恩、崇拜等。

第十二章

CHAPTER 12

拥抱错误

——真正的聪明人不抱怨和持续试错

主动揽错的人都是聪明的人。工作配合中出现了纰漏，人的自我保护基因总有“甩锅”推卸的倾向，这其实很不聪明。因为一年后那些纰漏都不会被记得，但同事都会记得我们当时的态度——是担当了还是推卸了。认错不会被开除，“甩锅”却会被怨恨。

心灵淡然才是方向

失败是让人痛苦的，有两种方法可以避免这种痛苦。方法一：极力地做到每一件事都成功，生意、学业、项目等。方法二：转变思维，对失败释然。方法一是不可能实现的，成功与否，人只起到一部分作用，所以事事成功是困难且不现实的。所以当考虑方法二，心灵的淡然才是方向。如何才能做到心灵淡然呢？试试这个方法：大量地阅读，深度地思考，勇敢地实践。

一句话可以改变一个人的一生

有时候，一句话就可以改变一个人的一生，可要听到这句话，之前你可能要听至少一千句话。但，绝对值得！先贤绝非生来就贤，只是他们听了更多个一千句。读书吧，书里有众多先贤筛选过的一千句。

犹太人拿了很多的诺贝尔奖，他们会做生意，控制了很多财富，所以人们就说犹太人特别聪明。我想这是粗暴地对现象下结论，就好比说有个班级成绩好，结论是这个班级的学生智商高。犹太人取得成就的根源是他们对民族经典一代一代不间断地研习。

每一次自身行为的改变都是一次小的觉醒

每一个人的身体里都有一股被忽视和低估的力量，就是“觉醒”。如果你觉得你的生活糟糕透顶，那么你做了哪些事情来改变现状呢？你读书了吗？你早起了吗？你练习了吗？你锻炼了吗？这些才是让自己改变的途径。让自己改变，每一次自身行为的改变都是一次小的觉醒。企图靠机遇或外在环境改变自己，则说明你还未觉醒。

人的思想转变如同鸡蛋壳破裂：鸡蛋从外部打开，就变成食物，这相当于我们所接受的培训、课程等，带有营养；若鸡蛋从内部打开，就是生命，就如同通过自己思考领悟所带来的力量，这种形式更加震慑心灵！营养与生命，怎可同日而语？

情绪、气场、环境

人看待一件事的习惯可以归纳为三种：A.看到它不好的方面；B.客观地看它，不评价；C.看到它好的方面。A、B、C三种习惯长期下来对人的心理影响差别是巨大的！首先是情绪上的，其次是气场上的，最后是环境上的。确保成为B种人，努力成为C种人。

真正的聪明人是不抱怨和持续努力

人是先聪明了再读书，还是先读书了再变聪明？在我看来，前者占1%，后者占99%。上天虽没有赋予我们1%的聪明，但给予了我们99%的变聪明的可能性。真正的聪明人就是不抱怨和持续努力。

每个人在朋友圈中一定都有很多做业务的朋友，他们有时会发一些库存、销量、客户反馈的截图。其实对于受众来讲，这些图都不重要，因为图片复制很简单。最重要的是，你在坚持做一件事，日复一日，守终如始，就一定会打动人。

如果你时常困惑人生的意义，要看哲学

如果投资股票，要看巴菲特的书；如果你是汽车销售员，要看乔·吉拉德的书；如果你是保险代理人，要看原一平的书。如果你时常困惑人生的意义，要看哲学的书。

人们时常教育自己的小孩：要好好学习，要独立思考，不能抄别人的作业。同样是这些家长，在投资领域上，鲜有耐心学习股票知识，汲取经济知识。他们常做的就是抄作业，看别人买了哪只股，打听些小道消息……

诚实是一种品德，更是一种策略

诚实，不仅仅是一种品德，更是一种策略。因为如果你说真话，你就不需要记住那些谎言，大脑的负荷就会小很多，人更轻松简单。真话不全说，假话全不说，做到这一点，就是大贤大德之人了。

德行如同一口大缸，缸里的水就像一个人拥有的东西，如名声、地位、财富等。如果缸很小，就盛不了多少水，如果缸裂了或漏了，就更盛不了水。正所谓厚德载物，德行不够，拥有的东西就抓不牢，德行败坏，拥有的东西便会失去。

智慧是这世界上最甜美的东西

如果精神的放松和心灵的愉悦不是有限生命的目的，那生命的目的还可能是什么呢？为何人们总在精神的疲惫与身心的忧郁中度过一生？定是因为我们还不够智慧，烦扰于旅途中的颠簸，却忘了要去哪儿。

一般的快乐都是有所依托的，比如买了新衣服、新车，得到升职加薪机会，遇到爱情……但更极致的喜悦是不需要凭借的，它的产生不需要外部条件，它是自发的，它因智慧而产生。智慧是这世界上最甜美的东西了。

从对方的利益出发

你知道人们在决策时往往基于什么原则吗？答案是基于他的利益。无论你是父母，还是销售员、政客、下属、合伙人，想要说服别人都应该从对方的利益出发："这么做对你的好处是……"

主动揽错的人都是聪明的人

主动揽错的人都是聪明的人。工作配合中出现了纰漏，人的自我保护基因总有"甩锅"推卸的倾向，这其实很不聪明。因为一年后那些纰漏都不会被记得，但同事都会记得我们当时的态度——是担当了还是推卸了。认错不会被开除，"甩锅"却会被怨恨。

需要比喜欢重要

不要只去做你喜欢的事情，也不要拿不喜欢当借口就不去做。小孩子没有几个不喜欢吃糖的，也没有几个喜欢上学的，只吃糖不上学行吗？有些事情是需要，不是喜欢。当你被爱、工作、友谊、健康抛弃的时候，不会因为你不喜欢就不被抛弃。喜欢与不喜欢是最没有份量的理由。知道自己喜欢什么没什么了不起，知道自己需要什么才重要。

找工作不要以喜欢为标准，因为喜欢是会变的，就像连喜欢的人也都会变一样。你不能说6个月后不喜欢这个工作就立马换了。不要用情绪去做决策。我觉得一个诱人的工作是这样的：工作内容新鲜；需要创造力；压力不大；共事的人志趣相投。

持续阅读会更有灵性、更迷人

一个女人，

可能是妈妈，可能是妻子，

可能是女儿，可能是姐姐，

可能是闺蜜，可能是妹妹……

她也可能是点亮他人的星光，
她也可能是振奋后辈的榜样，
她也可能是抚慰心灵的老师，
她最终会是传为美谈的故事。

女人的美，像璀璨的钻石。如何能让钻石更耀眼夺目？我想到的就是给钻石照一束光，这束光会让钻石折射出五彩斑斓的颜色。这束光就来自灵性的启示，需要无数先贤的智慧。所以，要获得这束光，阅读是最直接的方式。让女子养成持续阅读的习惯，每日阅读，她会越来越美，会更有灵性，会更迷人。

掌握生活的主动权

查理·芒格让我更加坚定了持续阅读的重要性！大量阅读是可以改变命运的，这已经被芒格和巴菲特这样的人验证过。我知道每天都读点书是辛苦事，可生活不被自己掌控的那种加班、奔波不是更辛苦吗？

有人会抱怨别人不能给他安全感，试想一下，依靠别人给的安全感能持久安全吗？完全依托他人，反而是最不安全的。安全感应来自自己的善良、努力、付出、实践与坚韧，这才是铠甲，因为它与自己形影不离。

练习自律

如果胳膊的肌肉很弱，那么它可能只能拎动5千克的重物。自律也是一种“肌肉”，如果这个“肌肉”很弱，就无法坚持很长久的事情。自律的耐力和力量均不够，那怎样才能增强呢？像健身一样练习自律，就是找一件事情开始每天做，每天锻炼，让自律的“肌肉”增强。

自己才是人生的主角

人们厌恶小孩子哭闹的根本原因是什么呢？有人会说是太吵了。但如果小孩子用同样的音量大笑，则不会令人厌烦。其实，人们厌恶小孩哭闹，本质应该是人对负面情绪的本能厌恶。知道这个窍门，就知道怎么让人喜欢你了。

父母对待一个孩子，该以启发其蜕变为目的，而非以喂养为目的。“喂养”这个词语听起来不好听，但这实实在在是很多父母在干的。一勺饭送到嘴边，把水壶的吸管放到孩子嘴里。这些动作，能让孩子长大，但不能让他成长。

很多家长把孩子作为他们生命的主角，把自己当成配角，这是有很大问题的。每个人人生的主角只有一个，那就是自己，周遭的人都是你生命中的配角，他们来配合你演绎你的精彩人生。

平凡也可以帮助别人

一位朋友跟我讲，只有自己成功了，达到财务自由了，才有能力帮助别人。而我觉得，即使没有足够的钱也可以帮助别人。

我们可以鼓励别人，可以宽慰别人，可以帮别人走出阴霾，可以助别人学会感动。即使平凡，我们也可以帮助别人，何必兜一个大圈，等财务自由了才去帮助别人。

你怎样，你的世界就会怎样

负面的情绪会换来负面的情绪，积极的态度会换来积极的态度，正如怒视会换来面目狰狞，微笑会换来满面春风。恐惧会蔓延，喜悦也会传递。你怎样，你的世界就会怎样；你的世界怎样，你就会怎样。

好好对待工作，才是热爱生活

人们常说工作是服务生活的，没有必要因为工作的事情影响生活。可是，我们来看看：工作的时间有8个小时甚至更多，你的一半以上的社交、乐趣、学习等都是在工作中进行的。其实工作不是服务于生活，它本身就是生活的一部分，工作中遇到的问题、困扰和挑战，就是生活中遇到的问题、困扰与挑战。

所以，好好对待所做的工作，才算是好好热爱生活。

面对错误的态度

多数情况下，人们把错误看成恶魔，看成魔鬼，遇到它的时候焦虑、痛苦、慌乱。可是仔细思考一下，我们从错误中收获的不亚于从正确中获得的。错误不是恶魔，你积极对待它反而可以把它变成天使。

大多情况下，正确不会给我们反馈，错误才会给我们反馈。因为错误有反馈，所以我们误以为自己总是犯错。比如，开车刮蹭使你很沮丧，但其实你可能已经成功避免2000次刮蹭，只是这些正常情况没有给你反馈。健康、情感、生意等都符合这种情况。

我们可以在陌生人的生命中留下永恒印迹

早晨在酒店用早餐的时候，我问一位陌生人："请问你收到圣诞礼物了吗？"对方说："没有。"我递给他一本书，说："这是你的圣诞礼物。"即便是陌生人，我们也可以在他的生命中留下永恒的印迹，哪怕相识只有4分钟。

最和谐的状态存在于动态中

最和谐的状态存在于动态中，一切追求静态的和谐的行为最终都不能导致和谐。任何一个组织、项目、关系、理论都不存在“一招鲜”的黄金点可以永恒地使系统和谐。一个工作，或商业模式，需要动态思维来维护它的活力和有序。

坚持大于天赋

我的人生导师有两个人：一个是《肖申克的救赎》里的主人公安迪，一个是《阿甘正传》里的主人公阿甘。我在做的事就是他们教我的。他们告诉我：天赋可能是你的阻碍，因为天赋会阻碍你坚持。书写人类历史的是一个个坚持的故事，而非天赋。

向来，我对人的本能自律是持高度怀疑的。平时太多人说过诸如“只要我想就会去坚持”的豪言壮语，然后半途而废。我对自己的自律也是持高度怀疑的，所以需要工具来提醒和约束自己。这样，那些借口就无处遁形了。

勇敢地追寻心之所向

对生活越爱，就越怕光阴消逝得快。与宇宙相比，生命如此短暂，即便如此不舍得挥霍时间，它都如白驹过隙，不用心时更是光阴如梭。因此，做你喜欢的事情，相处有趣的人，相助他人感受生活的美好，勇敢地追寻心之所向。

读一本书是值得的

在这个世界上，没有一本书是全对的，也没有一本书是全错的。全对很难，全错亦很难。

读一本书，你不可能全读懂，也不可能全不懂。全懂很难，全不懂也很难。所以读一本书，必定会有对的，必定会有懂的，必定值你的书钱和时间。

关注心灵的欲求

剥好的核桃仁没有带壳的吃起来香。人们经常关注舌头等感官的欲求，却往往忽略了心灵的欲求。吃到核桃仁的舌头是愉悦的，但剥壳过程中心灵的投入也是不可或缺的，否则很快便无美味可言。情爱也一样！你觉得呢？有时我们对一个人的爱慕并非仅仅是因为他很迷人，还有部分原因是我们投入了大量的时间和精力去思念他。

判断一个习惯值不值得坚持下去的标准是：在尝试坚持10天后，你觉得是更开心还是更不开心。如果变得更开心，那么这个习惯就值得坚持。不要还没有开始就依据感觉判断能不能做，因为感觉时常会欺骗我们。

边界消失，整个世界属于我

一段时间，我一直感受着强烈的开悟的喜悦，一种自发产生的喜悦，无须凭借的喜悦，无须得到外物而有的喜悦。与他人的边界和与世界的边界消失，没有对抗，也没有畏惧。因为边界消失了，整个世界都是我。